NACER
de nuevo

Cómo sacarle el mayor provecho a su nueva vida en Cristo Jesús

Jesús contestó y dijo: *Te aseguro que el que no nace de nuevo, no puede ver el reino de Dios.*

Juan 3:3

NACER DE NUEVO

*CÓMO SACARLE EL MAYOR PROVECHO A SU
NUEVA VIDA EN CRISTO JESÚS*

Ruthven J. Roy

Nacer de Nuevo: Cómo sacarle el mayor provecho a su nueva vida en Cristo Jesús Copyright © 2016 por Ruthven J. Roy

ISBN: 978-0-9888132-9-8
0-9888132-9-7

Diseño de cubierta: Emmerson Cyrille

Todos los derechos reservados Ninguna parte de este libro puede ser reproducida ni transmitida de ninguna forma ni por ningún medio sin el permiso por escrito del propietario de los derechos de autor.

A menos que se indique lo contrario, las citas de la Biblia se tomaron de *La Biblia Dios Habla Hoy (DHH).* Usada con permiso.

Otras versiones que se usaron:
NBD *Nueva Biblia al Día*
RVA *Reina Valera Antigua*
RVR1960 Reina Valera 1960

Impreso en los Estados Unidos de América

Rehoboth Publishing
P.O. Box 33
Berrien Springs, MI 49103

Para contactar al autor, envíe mensaje de correo electrónico a: ruthvenroy@gmail.com o visite www.rjrbook.com.

Dedicado

a

Todos los hijos de Dios: "nacidos" y "vueltos a nacer"

Tabla de contenido

Reconocimiento VII

Introducción IX

   1. Nacer: Antes de nacer de nuevo 15

   2. Nacer: El efecto de Adán 23

   3. Nacer de nuevo: El factor Jesús 43

   4. Nacer de nuevo: Entendiendo el nuevo "Yo" 65

   5. Nacer de nuevo: Renovando mi manera de pensar .. 99

   6. Nacer de nuevo: Viviendo la vida de Cristo 129

   7. Nacer de nuevo: La plenitud 165

Conclusión 185

Reconocimiento

¡Gracias!

Querido Padre celestial, precioso Salvador y gran Consejero y Guía.

Lyris, Charisa, Lyrisa y Mirisa - los regalos especiales de Dios para mí.

Emmerson Cyrille, Ermine Leader, Patricia Elder, Carmen Jiménez y a la familia de Network Discipling Ministries.

Estoy profundamente en deuda con TODOS ustedes por su afectuoso apoyo y las valiosas contribuciones hacia la producción y traducción de este tesoro de valor incalculable.

Introducción

Tiempo atrás, en la eternidad, antes de que se pusieran los cimientos de la tierra y que la humanidad fuera creada, Dios escogió una vida santa, sin mancha en Cristo para todos que nacen en este mundo, por medio del linaje de Adán. De acuerdo con su presciencia divina, el Todopoderoso hizo esta disposición redentora como respuesta anticipada a la eventualidad del pecado y a la depravación humana. Por medio de esa respuesta les ha dado la oportunidad a todos los hijos del pecador Adán de nacer de nuevo, para, literalmente, comenzar de nuevo por medio de la vida justa de Jesucristo, el Mesías de Dios y Salvador del mundo.

Sin embargo, muchos, que han elegido la opción de Dios de nacer de nuevo en Jesús, continúan estando confundidos acerca de lo que realmente constituye la vida de uno que nace otra vez. En consecuencia, muchos hablan de una vida que aún no han experimentado, mientras que otros frustrantemente tropiezan y van a tientas, con la esperanza de asirse de esa vida uno de estos días. En su mayor parte, la vida nacida de nuevo los ha eludido, y muchos han llegado a aceptar las modificaciones de su propio Adán, y / o su adhesión a las expectativas de su comunidad religiosa, como lo que constituye la auténtica experiencia de nacer de nuevo.

En este libro, vamos a tratar de exponer, confirmar e, incluso, ampliar algunos de los conceptos tradicionales de lo

INTRODUCCIÓN

que significa nacer de nuevo. Algunos de estos son:

- ❖ Ser bautizado
- ❖ Hacerse cristiano
- ❖ Vivir para Dios o Cristo Jesús
- ❖ Cambiar mi comportamiento o estilo de vida
- ❖ Aceptar a Cristo
- ❖ Darle la espalda al mundo
- ❖ Convertirse en una persona más espiritual

Sin duda, estos puntos de vista pueden contener algo de verdad en lo que respecta a la experiencia del nuevo nacimiento, pero son vagas generalizaciones que no presentan una imagen completa. Hay una gran necesidad de aclaración y ampliación con el fin de lograr una comprensión más completa. Sin esto, las creencias anteriores pueden convertirse en mera "fachada" del engaño satánico. Por ejemplo, una persona que cree que nacer de nuevo significa tener una mayor tendencia espiritual, puede seguir rigurosamente los rituales religiosos con el fin de conseguir los objetivos propuestos, pero nunca nacerá en Dios a través de esos medios. Si bien una vida nacida de nuevo puede fomentar ejercicios espirituales, no se alcanza a través de la búsqueda espiritual.

Esta vida no es creada por acciones de la voluntad humana ni por su esfuerzo incesante por lograr la "bondad" o

INTRODUCCIÓN

"santidad" ¡No, en absoluto! "Arreglar" y "vestir" al mismo viejo hombre pueden cambiar su comportamiento, pero no le dará una nueva vida. La vida nacida de nuevo auténtica es un don gratuito de Dios que se recibe SOLO mediante la fe en Cristo Jesús. Lo que realmente significa y cómo afecta la manera de vivir de una persona que escoge creer en Jesús, son el tema y la conversación principal de este libro. Por lo tanto, es importante que los lectores examinen muy de cerca los principios bíblicos que se presentan en este volumen para tener una comprensión más clara de esa valiosa experiencia.

Para ayudar en ese proceso, el autor ha subrayado muchas secciones de pasajes bíblicos citados para ayudar a los lectores a conectarlos con los puntos en discusión. Como ayuda adicional, algunos conceptos y versículos claves se repiten a lo largo del manuscrito. El autor lo consideró muy necesario simplemente porque es demasiado fácil para el creyente sucumbir ante lo que es muy conocido en su vida natural que olvida o, incluso, ignora elementos y principios claves de su identidad nacida de nuevo. Renovar la mente del creyente es un trabajo de repetición (de la Palabra) y de práctica; por lo que mantener estos conceptos fundamentales de la vida espiritual delante de él es necesario para nutrir y fortalecer la mentalidad de una persona nacida de nuevo. Otra razón para la repetición es mantener la continuidad en este diálogo sobre nacer de nuevo a medida que pasamos de un capítulo a otro.

INTRODUCCIÓN

Fruto que permanece

En uno de Sus discursos con Sus discípulos, Jesús dijo: *"Ustedes no me escogieron a mí, sino que yo los he escogido a ustedes y les he encargado que vayan y den mucho fruto, y que ese fruto permanezca. . ."* (Juan 15:16). Esta declaración directa no habla solamente del propósito del Maestro para llamar y capacitar a sus discípulos sino que, también, refleja el corazón del Padre hacia todos aquellos que han nacido de nuevo a una nueva vida en su Hijo. Dios desea que el fruto de la vida nacida de nuevo permanezca en cada creyente y que todos los creyentes, a su vez, trabajen con Él para dar frutos adicionales para incorporar más de sus hijos distanciados en esta maravillosa nueva vida. Jesús expresó esa misma idea en un versículo anterior del mismo capítulo: *"En esto se muestra la gloria de mi Padre, en que den mucho fruto y lleguen así a ser verdaderos discípulos míos"* (Juan 15:8).

Este libro es realmente acerca de mostrar cómo nacer de nuevo puede ser una experiencia agradable, significativa y sostenida para todo aquel que cree. Habla con claridad y certeza acerca de cómo nacer de nuevo sin ningún remordimiento, y sin ningún deseo de dar marcha atrás. Así que muchos de los que una vez se adhirieron a esta vida, pero más tarde se apartaron, lo hicieron sin darse cuenta de que tenían (y todavía tienen) lo que se necesita

INTRODUCCIÓN

para disfrutarla y llenarla—JESÚS. Si usted lo ha logrado o está cerca de lograrlo, ESTO es para usted. Este es el libro de su esperanza—una esperanza que no decepcionará sus expectativas. Por favor, léalo con detenimiento y comparta el contenido con otra persona. Llenemos el mundo con las buenas nuevas y con la esperanza que no defrauda.

En conclusión, el autor cree que este libro va a bendecir abundantemente al cuerpo de Cristo, añadiendo un mayor grado de claridad a la comprensión de la experiencia única que convierte a cada creyente en un miembro integral de la familia de Dios.

Apéndice:
En este libro, el uso de minúsculas en todos los alias y títulos referentes al diablo ha sido deliberado, a fin de no dar excesiva mención honorable o autoridad al engañador que está empeñado en la destrucción de la familia de Dios.

Respondió Jesús, y díjole: *De cierto, de cierto te digo, que el que no naciere otra vez, no puede ver el reino de Dios.*

Juan 3:

Capítulo 1
NACER:
ANTES DE NACER DE NUEVO

El versículo principal de este capítulo formó parte de una conversación muy importante que Jesús tuvo con un prominente líder religioso de su época. El Salvador entendió muy claramente la desesperada hambre de Nicodemo por la paz y la seguridad de la salvación. Aunque el orgullo religioso llevó a Nicodemo a esquivar su urgente necesidad, Jesús le evitó molestias al responder a la petición tácita de su corazón con una declaración muy decisiva: *". . . el que no nace de nuevo, no puede ver el reino de Dios"* (Juan 3:3).

Obviamente, desde el punto de vista del Salvador del mundo, nacer de nuevo es una experiencia muy necesaria de su reino. Él dijo, sin esto, nadie puede ver ni entrar (Juan 3: 6) al reino de Dios, que es el reino de la vida. Por lo tanto, es críticamente importante que todos los ciudadanos del reino y que todos los candidatos al reino entiendan en verdad de qué se trata ese único y sobrenatural evento.

Perla de verdad #1: *Haber "nacido de nuevo" implica que cierto tipo de nacimiento se produjo con anterioridad.*

Para que una persona nazca de nuevo, esa persona debe haber nacido en algún momento en el pasado. Ese primer nacimiento es lo que la Palabra de Dios llama natural o nacimiento de la carne, el que tiene su origen en el linaje de Adán a través de nuestros padres biológicos físicos. El segundo es a lo que la Biblia se refiere como nacimiento divino o espiritual, el que tiene su origen en Cristo por medio de nuestros padres espirituales: el Espíritu Santo y la Palabra de Dios. He aquí una simple ilustración de esta verdad:

Nacer=> Nacimiento natural o de "carne y sangre"
Nacer de nuevo => nacimiento divino o espiritual

Estas son las dos maneras de nacer que Jesús le señaló a Nicodemo la noche cuando ese líder judío buscó Su asesoramiento. Además, esas dos experiencias sirven como puntos de referencia para todos aquellos que, como Nicodemo, buscan la vida eterna en el reino de los cielos. Jesús dijo: *"Lo que nace de padres humanos, es humano; lo que nace del Espíritu, es espíritu"* (Juan 3:6, énfasis añadido).

Es muy importante que entendamos que Jesús no dijo que aquello que nace del Espíritu es **espiritual,** sino que es **espíritu.** Hay una gran diferencia entre los dos. **Espíritu** apunta hacia la existencia o hacia lo que la persona o cosa es; mientras que **espiritual** describe la naturaleza o cómo la persona o cosa se comporta o funciona. Sin embargo, estos dos elementos de la experiencia de nacer de nuevo, espíritu y espiritual, se presentarán más adelante con más detalles. No obstante, lo que es nacido del Espíritu no es carne ni natural, sino es espíritu o divino. Una perra no puede parir gatos, ni cerdos ni caballos. De la misma manera, lo que nace de nuevo del Espíritu de Dios no puede ser carne.

Perla de verdad #2: *No puede haber nacimiento sin preexistencia.*

En el ámbito natural, en este mundo, una persona debe existir primero como feto antes de poder nacer. Ahora bien, si debemos extender esa verdad hacia atrás, esa persona debe existir primero como semilla de vida (esperma) de su padre, a la espera de la madre y el momento adecuados para que le proporcionen la oportunidad y el medio ambiente para que esa semilla eche raíces, es decir, sea concebida y crezca. A menos que eso se produzca, es totalmente imposible que los espermatozoides (semillas) se conviertan en un embrión, y, finalmente, nazca ante el mundo como un ser humano viable.

> *Lo que nace del Espíritu no carne ni natural, sino espíritu o divino.*

Cuando proyectamos esa verdad de la preexistencia de miles de generaciones atrás, entendemos que todos los seres humanos nacidos de forma natural tenían su preexistencia en las simientes del primer hombre, Adán. Además, no hay que olvidar que a pesar de que Adán necesitaba a Eva con el fin de procrear, Eva también provenía de una costilla tomada de él. Por lo tanto, Adán es realmente el padre de toda la humanidad: de todas las especies masculinas y femeninas.

Perla de verdad #3: *La preexistencia no garantiza el nacimiento ni mucho menos nacer segura y saludablemente en este mundo.*

A pesar de que todos los hombres, en sí mismos, llevan simientes de posibles seres humanos, si esas simientes nunca salen de sus cuerpos para encontrar los úteros fértiles de madres designadas para darlas a luz, nunca nacerán. Aunque una sola emisión de semen contiene millones de espermatozoides en búsqueda de huevos, solo se necesita un espermatozoide para ganar la lucha por penetrar en ese huevo y comenzar el ciclo de vida de otro ser humano. Los millones restantes de posibles candidatos mueren sin dejar rastro. Su existencia no garantizaba el cumplimiento de su misión para convertirse en feto en el útero de una mujer y, más tarde, en un ser viviente en el mundo.

Además de esa carrera de "vida o muerte" de fertilización del esperma, hay muchos otros elementos adversos que pueden suponer una amenaza grave para la vida de un feto en desarrollo, lo que reduce su oportunidad de salir del vientre como bebé recién nacido. Bastante a menudo, una mujer embarazada nunca toma en cuenta cuidadosamente los riesgos prenatales hasta que enfrenta graves complicaciones en su embarazo. Conozco a mujeres que han experimentado un gran dolor y pérdidas devastadoras a través de abortos involuntarios. A muchas de ellas les ha tomado varios intentos y reposo en cama antes de dar a luz bebés vivos.

Por otra parte, el traumático viaje del bebé a la vida a través del conducto vaginal es nada menos que un regalo milagroso de Dios. A pesar de que la distancia desde la matriz hacia el mundo exterior promedia menos de un pie de distancia, está llena de muchos peligros, que a menudo hacen de dar a luz una experiencia angustiosa muy larga. Además, el asombroso aumento en la investigación con embriones, y de embarazos no deseados y anormales son siempre peligros muy claros y latentes que disminuyen la probabilidad de que un bebé salga al mundo exterior.

Por consiguiente, cualquiera que sea la naturaleza de la existencia previa de un individuo antes del nacimiento, no hay absolutamente ninguna garantía de que él/ella experimentará un exitoso nacimiento natural y saludable en el mundo. Sin embargo, la verdad es que toda la humanidad preexistía en el primer hombre, Adán, antes de que nadie hubiera nacido en este mundo. De la misma manera, a través del plan perfecto de Dios de redención, toda la humanidad tiene una preexistencia espiritual en Jesucristo, que les da a todos la oportunidad de nacer de nuevo en el reino eterno del cielo.

Estas dos verdades muy importantes acerca de la preexistencia de la humanidad son de importancia vital para la conversación a continuación en este libro. Por lo tanto, a lo largo de este manuscrito se explicarán los elementos críticos que pertenecen a ambos a lo largo de este manuscrito, con el fin de ofrecer a los lectores una comprensión más clara de la experiencia del nuevo nacimiento.

Resumen de las perlas de verdad

1. *Haber nacido de nuevo implica que cierto tipo de nacimiento se produjo con anterioridad.*

2. *No puede haber nacimiento sin preexistencia.*

3. *La preexistencia no garantiza el nacimiento ni mucho menos nacer segura y saludablemente en este mundo.*

Así pues, por medio de un solo hombre [Adán] entró el pecado en el mundo y por el pecado entró la muerte, y así <u>la muerte pasó a todos porque todos pecaron</u>.

Romanos 5: 12

Capítulo 2

NACER:
EL EFECTO DE ADÁN

Como cabeza de la raza humana y gobernador en toda la creación, el ascenso y la caída de Adán han influido en el nacimiento, la existencia y la experiencia de cada persona que ha nacido en el mundo. Cuando el padre de la humanidad pecó contra su Creador, no solo puso en peligro su vida y su futuro, sino también la vida de todas las generaciones futuras. La Biblia dice muy claramente:

> *Así pues, por medio de un solo hombre entró el pecado en el mundo y por el pecado entró la muerte, y así <u>la muerte pasó a todos porque todos pecaron</u>.*

Romanos 5:12

En Adán todos mueren. . . 1 Corintios 15:22

Perla de verdad #1: *Cuando Adán pecó, toda la humanidad pecó con él, ya que toda la humanidad se había encarnado en la simiente de su lomo.*

La decisión de Adán de obedecer al diablo a través de

la voz de su mujer, vendió prácticamente a la raza humana a una vida de esclavitud al pecado y a la rebelión contra Dios. El apóstol Pablo confirmó esa verdad cuando expresó su frustración con su vida antes de conocer a Cristo como el Mesías, Salvador y Señor.

> *Sabemos, en efecto, que la ley es espiritual. Pero yo soy meramente humano [carnal, no espiritual], y <u>estoy vendido como</u> esclavo al pecado.*

Romanos 7:14, NVI

Antes de que naciéramos en este mundo, estábamos obligados por *la ley del pecado y de la muerte* que ya funcionaba en nuestra naturaleza, a través de la simiente corrupta de nuestro padre Adán.

> *En mi interior me gusta la <u>ley de Dios</u>, [23]pero veo en mí <u>algo que se opone a mi capacidad de razonar</u>: es la ley del pecado, <u>que está en mí y que me tiene preso</u>.*

Romanos 7: 22, 23

Por consiguiente, toda la humanidad ha pecado porque somos pecadores "natos", y no nos volvemos pecadores sobre la base de los pecados que cometemos. En otras palabras, es el pecador el que produce el comportamiento pecaminoso y no es el comportamiento pecaminoso lo que convierte a la persona en pecador. Nuestros intentos más nobles de obedecer la ley de Dios siempre se ven socavados por la ley (principio) del pecado, naturalmente arraigado en nuestra mente y en los miembros de nuestro cuerpo. Esto me recuerda una historia que una vez oí de un anteriormente profesor de Biblia y evangelista:

Un escorpión quería desesperadamente cruzar un río muy ancho. Vio a una tortuga en la orilla del río justo delante de él. Se acercó rápidamente a la criatura dócil y le pidió muy amablemente que le permitiera el privilegio de viajar en su robusta espalda hasta el otro lado. La tortuga sabia dijo muy amablemente: "Lo siento, señor Escorpión, con mucho gusto, yo lo ayudaría a cruzar, pero tengo miedo de su aguijón venenoso". "Puede matarme mientras nadamos en este río". "Tonterías, señora Tortuga," respondió el Sr. Escorpión. "Si yo la picara mientras nadamos, usted no solo moriría, sino que, sin duda, yo también me ahogaría y, definitivamente, yo no quiero morir."

La sabia, vieja tortuga pensó por un momento, y luego dijo: "Muy bien, me había engañado por un momento, pero tiene una razón muy válida; ahogarse no es divertido en lo absoluto". "Vamos, suba a bordo, y yo con mucho gusto lo llevaré". El escorpión se subió a la espalda de la tortuga y comenzaron su viaje sobre el río. Efectivamente, cuando iban un poco más allá de la mitad del camino, el escorpión subió a la cabeza sin protección de la tortuga y la picó con su veneno. La tortuga dio un "chirrido" muy ruidoso y, con su último aliento, dijo: "Señor Escorpión, me ha engañado. Ahora ambos vamos a morir." El escorpión respondió con tristeza: "Lo siento mucho, señora Tortuga, intenté con todas mis fuerzas no hacerle daño, pero mi naturaleza es picar. ¡Fui hecho para eso!"

Similar a la del "señor Escorpión", es la naturaleza de los descendientes de Adán para cometer pecado; es lo que hemos nacido para hacer. Hemos nacido en el pecado y formados en iniquidad (Salmo 51:5).

Toda la humanidad pecó porque somos por naturaleza pecadores.

La simiente mortal de Adán de lujuria y corrupción yace incubada en el cuerpo y el alma del recién nacido "inocente", e insidiosamente impregna e influye en la vida del bebé que crece. La Palabra de Dios revela *que los malvados se pervierten <u>desde el vientre;</u> los mentirosos se descarrían <u>desde antes de nacer</u>* (Salmo 58:3). Nadie le enseña a un bebé a manipular a sus padres ni a un niño a mentir para evitar ser disciplinado. El virus mortífero del pecado se aferra a su huésped desde la concepción en el seno materno hasta el final de la misma vida. ¡Sí! De principio a fin, el pecado y la humanidad han sido inseparables. La Biblia confirma que *todos han pecado y están lejos de la presencia gloriosa de Dios* (Romanos 3:23); *y no hay ni uno solo que sea justo* (Romanos 3:10).

Alienación de Dios

El efecto de mayor alcance del pecado de Adán es

que separa a la humanidad de la vida y la luz de Dios. El resultado de esa separación ha sido una vida totalmente contraria a lo que Dios es y a lo que Él representa. Las Sagradas Escrituras indican muy claramente que *Dios es luz y que en Él no hay ninguna oscuridad* (1 Juan 1:5). El eterno Dios es también el originador de toda la vida, y la vida sin Él solo puede conducir a la muerte y a la decadencia.

Paradójicamente, la Biblia se refiere a esa vida de separación de Dios como una que está *muerta en delitos y pecados* (Efesios 2:1). En otras palabras, desde la perspectiva de Dios, una persona que vive una vida sin ninguna referencia significativa a Su autoridad moral sobre él, para todos los efectos, espirituales y eternos, realmente está muerta mientras vive en la tierra. Esa persona ha muerto a su verdadera condición delante de Dios; ha muerto en cuanto a la salvación que Dios ha provisto para ella en Jesucristo y completamente ajena a todo lo que Dios está haciendo en su vida y en el mundo, para conducirla hacia la vida eterna por medio de Cristo.

Perla de verdad #2: *La alienación de la humanidad de Dios ha dado un falso sentido de la realidad, y una comprensión corrupta de la moral y el mal.*

El apóstol Pablo nos da un muy colorido "clip" de lo que caracteriza a una vida que está alejada de Dios en el siguiente pasaje de las Escrituras:

Esto, pues, es lo que les digo y les encargo en el nombre del Señor: que ya no vivan más como los paganos, <u>los cuales viven de acuerdo con sus equivocados criterios y tienen oscurecido el entendimiento</u> [18]Ellos no gozan de la vida que viene de Dios, <u>porque son ignorantes a causa</u> de lo <u>insensible de su corazón.</u> [19]Se han <u>endurecido y se han entregado al vicio, cometiendo sin freno toda clase de cosas impuras.</u>

Efesios 4:17-19

Algunos observadores pueden considerar eso un retrato muy preocupante de la humanidad caída, sin embargo, esa imagen es lo muy típica de nuestra sociedad secular moderna. Los seres humanos parecen haber perdido todo sentido de dirección moral, son arrastrados hacia los mares enfurecidos del odio, el crimen, la violencia, el alcoholismo, la sensualidad y cometen actos contrarios a Dios de todo tipo.

Sin embargo, tal depravación moral y social es el resultado directo *del pensamiento vano, el entendimiento oscurecido y los corazones endurecidos* que emergen como consecuencias de la alienación de la humanidad de la vida de Dios. En ese sentido, Pablo da una representación asombrosa más amplia de la humanidad separada en Romanos 1: 18-32, que es digna de nuestra revisión en oración.

¹⁸Pues Dios muestra su ira castigando desde el cielo a toda la gente mala e injusta, <u>que con su injusticia mantiene prisionera la verdad. ¹⁹Lo que de Dios se puede conocer, ellos lo conocen muy bien, porque él mismo se lo ha mostrado;</u> ²⁰pues lo invisible de Dios se puede llegar a conocer, si se reflexiona en lo que él ha hecho. En efecto, desde que el mundo fue creado, claramente se ha podido ver que él es Dios y que su poder nunca tendrá fin. Por eso los malvados no tienen disculpa.

²¹Pues aunque han conocido a Dios, no lo han honrado como a Dios ni le han dado gracias. Al contrario, han terminado pensando puras tonterías, y <u>su necia mente se ha quedado a oscuras. ²²Decían que eran sabios, pero se hicieron tontos;</u> ²³porque han <u>cambiado la gloria del Dios inmortal por imágenes del hombre mortal, y hasta por imágenes</u> de aves, cuadrúpedos y reptiles.

²⁴Por eso, Dios los ha abandonado a los impuros deseos que hay en ellos, y han cometido unos con otros acciones vergonzosas. ²⁵En lugar de la verdad de Dios, <u>han buscado la mentira, y han honrado y adorado las cosas creadas por Dios y no a Dios mismo, que las creó y</u> que merece *alabanza por siempre. Amén.*

²⁶Por eso, <u>Dios los ha abandonado a pasiones vergonzosas. Hasta sus mujeres han cambiado las relaciones naturales por las que van contra la naturaleza;</u> ²⁷<u>de la misma manera, los hombres han dejado sus relaciones naturales con la mujer y arden en malos deseos los unos por los otros. Hombres con hombres cometen acciones vergonzosas, y sufren en su propio cuerpo el castigo merecido por su perversión.</u>

²⁸<u>Como no quisieron reconocer a Dios, él los ha abandonado a sus perversos pensamientos, para que hagan lo que no deben.</u> ²⁹Están llenos de toda clase de injusticia, perversidad, avaricia y maldad. Son envidiosos, asesinos, pendencieros, engañadores, perversos y chismosos. ³⁰Hablan mal de los demás, son enemigos de Dios, insolentes, vanidosos y orgullosos; inventan maldades, desobedecen a sus padres, ³¹no quieren <u>entender, no cumplen su palabra, no sienten cariño por nadie, no sienten compasión.</u> ³²<u>Saben muy bien que Dios ha decretado que quienes hacen estas cosas merecen la muerte; y, sin embargo, las siguen haciendo, y hasta ven con gusto que otros las hagan.</u>

No hay absolutamente ninguna duda de que la humanidad moderna está viviendo justo en medio de esa Palabra profética sin aprobación de Dios. He aquí un resumen claro del pasaje anterior:

1. **Consulte los versos 18-20.** La gente vive en negación reprimiendo la verdad sobre Dios y la moral, en su intento de silenciar el testimonio de Dios en contra de su comportamiento corrupto. ¿Es de extrañar, entonces, por qué los medios electrónicos y la "sabiduría convencional" tratan de manera muy difícil de excluir a Dios de todas las conversaciones públicas? Pero las Sagradas Escrituras dicen que no tienen excusa debido al testigo interno imborrable de Dios contra ellos que es la voz de su conciencia.
2. **Consulte los versos 21-23.** Con el fin de seguir sus razonamientos superficiales, las personas inmorales intencionalmente y sin vergüenza se niegan a incluir a Dios en sus pensamientos y conversaciones. En su lugar, dan un mayor reconocimiento y gloria a su clase y a su "sabiduría" tonta con respecto a su estilo de vida.
3. **Vea los versos 24-32.** Debido al rechazo de Su autoridad moral, Dios permite que los impíos sigan sus deseos inmorales y permite que sus comportamientos pecaminosos sigan su curso hacia un final devastador. En consecuencia, estamos experimentando hoy una manifestación creciente de odio cruel y mal

en nuestro mundo y una intensa oleada de afecto humano no natural, de hombres con hombres, mujeres con mujeres. Lo que una vez se consideró como un fenómeno oscuro, secreto, "oculto", se ha declarado ahora abiertamente como aceptable, y sus conspiradores intentan desesperadamente meter forzosamente al Dios de la luz en el "armario" de la oscuridad "fácil de olvidar".

Cada tejido de la sociedad moderna se tambalea bajo la creciente influencia del movimiento de gays y lesbianas y su demanda de una redefinición del matrimonio como institución. La agenda de los matrimonios del mismo sexo ha forzado su camino en la comunidad religiosa y está poniendo a prueba seriamente la integridad y la determinación moral de lo que una vez fue considerado como la conciencia de la sociedad: la Iglesia. Los líderes de la Iglesia están obligados a negociar una posición de compromiso para dar cabida a las demandas carnales de esas víctimas del maligno espiritualmente ciegas.

Curiosamente, la Palabra de Dios confirma que si la verdad del Evangelio se cubre con un velo, se les oculta a los que se pierden, *[p]ues como ellos no creen, el dios de este mundo [satanás] <u>los ha hecho ciegos de entendimiento, para que no vean la brillante luz</u> del evangelio del Cristo glorioso, imagen viva de Dios*. (2 Corintios 4: 3-4)

Por otra parte, los que abogan por el estilo

de vida homosexual mediante el uso del poder de los medios electrónicos, las revelaciones de las celebridades que están fuera del armario, la financiación política y la intelectualidad "mundana" para apoyar y promover sus agendas, ignoran el hecho que están operando en contra de la misericordiosa, aunque permisiva voluntad de Dios, cuyo juicio contra el pecado y el mal es de una certidumbre incómoda.

Condenado a la destrucción

Porque la paga del pecado es muerte... Romanos 6:23

Perla de verdad #3: *La humanidad no puede cambiarse a sí misma ni su curso hacia la destrucción eterna sin la liberación del cielo.*

Pues debido al pecado de Adán, la vida en el planeta Tierra se convirtió en una marcha hacia la muerte lenta y dolorosa, hacia la destrucción eterna, y la humanidad no puede ni cambiarse a sí misma ni su curso destructivo sin ayuda divina. La Biblia confirma que todo lo viviente sabe que morirá (Eclesiastés 9: 5) Sin embargo, el efecto final del paso en falso mortal de Adán en los albores de la Creación se encuentra en las dos eventualidades inevitables que ha impuesto a todos sus descendientes: la muerte y el juicio con respecto a nuestro destino eterno.

Y así como todos han de morir una sola vez y después vendrá el juicio:

Hebreos 9: 27

A pesar de sus intenciones más nobles, inteligencia y creatividad, la especie humana es totalmente incapaz de manejar el problema del pecado, así como sus consecuencias físicas o eternas. El mejor esfuerzo de un hombre para cambiarse a sí mismo es un acto que termina en total inutilidad y frustración. A través de su profeta Jeremías, Dios preguntó y respondió a la pregunta muy conmovedora: *¿Puede un negro cambiar de color?¿Puede un leopardo quitarse sus manchas? Pues tampoco ustedes, acostumbrados al mal, pueden hacer lo bueno.* (Jeremías 13:23, RV) Comprendiendo la difícil situación de la condición del hombre ante Dios, el profeta pronunció la siguiente declaración quejumbrosa:

> *SEÑOR, yo sé que el hombre no es dueño de su vida, que no tiene dominio sobre su destino.* ^{24}*Corrígenos conforme a tu justicia, y no con ira, pues nos destruirías.*

Jeremías 10:23-24

Además, las Sagradas Escrituras afirman que *hay un camino que parece derecho al hombre, pero al final es camino de muerte* (Proverbios 16: 25, RV) El apóstol Pablo expresó esa frustración antes de haber experimentado el poder del Cristo viviente en su vida.

Porque sabemos que la ley es espiritual, pero yo soy carnal, vendido al pecado. [15]<u>No entiendo el resultado de mis acciones, pues no hago lo que quiero, y en cambio aquello que odio es precisamente lo que hago.</u> [16]Pero si lo que hago es lo que no quiero hacer, reconozco con ello que la ley es buena. [17]Así que, <u>ya no soy yo quien lo hace, sino el pecado que está en mí.</u> [18]Porque yo sé que en mí, es decir, en mi naturaleza débil, no reside el bien; <u>pues aunque tengo el deseo de hacer lo bueno, no soy capaz de hacerlo.</u>

[19]<u>No hago lo bueno que quiero hacer, sino lo malo que no quiero hacer.</u> [20]Ahora bien, si hago lo que no quiero hacer, <u>ya no soy yo quien lo hace, sino el pecado que está en mí.</u> [21]Me doy cuenta de que, aun queriendo hacer el bien, solamente encuentro el mal a mi alcance. [22]En mi interior me gusta la ley de Dios, [23]pero <u>veo en mí algo que se opone a mi, capacidad de razonar: es la ley del pecado que está en mí y que me tiene preso.</u>

[24]¡Desdichado de mí! ¿Quién me librará del

poder de la muerte que está en mi cuerpo?

Romanos 7:14-24

Lo que Pablo describe en los versos de las escrituras anteriores es la impotencia humana absoluta en el tratamiento de la condición del pecado--sin fin, siempre perdiendo la batalla entre la voluntad de una persona para hacer el bien y el pecado interior que lo impulsa a hacer el mal en su lugar. Esa experiencia similar al estupor a menudo deja al pecador en un estado de desconcertante derrota y resignación impotente ante los deseos de su naturaleza pecaminosa.

Una salida

Porque de tal manera amó Dios al mundo, que ha dado a su Hijo unigénito, para que todo aquel que en él cree, no se pierda, mas tenga vida eterna.

Juan 3:16, RVA

Aunque los efectos de la transgresión de Adán son grandes y de largo alcance, el amor y la misericordia de Dios los sobrepasa sin medida, porque donde abunda el pecado, abunda la gracia aún más (Romanos 5:20). El pecado nunca puede agotar la sobreabundante gracia de Dios. La Biblia dice que *Dios prueba que nos ama, en que, cuando todavía éramos pecadores, Cristo murió por nosotros* (Romanos 5:8). El pecado, aunque amenaza de muerte inminente a la humanidad, no es una amenaza a la abundante gracia de Dios. Dios sabía que la humanidad no podía hacer absolutamente nada para salvarse a sí misma de su terrible destino, por lo que Él dio el primer paso hacia la raza pecadora, dándose a sí mismo por medio de Cristo para redimir al mundo.

El pecado nunca puede agotar la sobreabundante gracia de Dios.

> *Todo esto es la obra de Dios, quien por medio de Cristo nos reconcilió consigo mismo y nos dio el encargo de anunciar la reconciliación. ¹⁹Es decir que, en Cristo, Dios estaba reconciliando consigo mismo al mundo, sin tomar en cuenta los pecados de los hombres; y a nosotros nos encargó que diéramos a conocer este mensaje.*
>
> 2 Corintios 5:18, 19

La gran verdad sobre la salvación es que por medio de Su vida y en Su muerte, Dios estaba en Cristo, reconciliando (haciendo paz) al mundo consigo. Por medio de Su hijo, Jesucristo, Dios le ofreció al mundo caído la ÚNICA puerta hacia la salvación y la paz.

En ningún otro hay salvación, porque en todo

*el mundo Dios <u>no nos ha dado otra persona</u>
por la cual podamos salvarnos.*

Hechos 4:12

Fue Jesús mismo quien una vez dijo: *"<u>Yo soy la puerta</u>: el que por mí entre, se salvará. Será como una oveja que entra y sale y encuentra pastos"* (Juan 10:9). Él también dijo: *"<u>Yo soy el camino,</u> la verdad y la vida. Solamente por mí se puede llegar al Padre"* (Juan 14:6). Cristo es la única puerta y el único camino para la salvación de todos los hijos de Adán.

Perla de verdad #4: *La ÚNICA manera de salir del dilema de la humanidad destinada al infierno es por medio de la restitución total de Dios del hombre según Adán y su completa sustitución por el hombre según Cristo.*

Este nuevo cambio de imagen no presenta ninguna otra alternativa para la redención de la humanidad. Es la única elección disponible para la perdida humanidad. Ninguna mejora ni modificación de la conducta física o intelectual del hombre es de ningún valor para su salvación. Por eso, los que viven según las inclinaciones de la naturaleza débil no pueden agradar a Dios (Romanos 8:8). El plan de Dios implica hacer nuevas todas las cosas mediante la vida perfecta de Cristo. Más adelante se presentará más información sobre ese particular.

Sin embargo, el milagro divino por el cual se lleva a cabo la segunda oportunidad redentora de Dios es llamado el "nuevo nacimiento" o la experiencia de "nacer de nuevo". La vida espiritual de Jesús que se recibe a través del Espíritu Santo es la única esperanza de la humanidad para salir de una vida de pecado, condenación y muerte eterna, y ser conducida a una vida de justicia sin fin, justificación y paz eterna.

> *Pero el delito de Adán no puede compararse con el don que Dios nos ha dado. Pues por el delito de un solo hombre, muchos murieron; pero el don que Dios nos ha dado gratuitamente por medio de un solo hombre, Jesucristo, es mucho mayor y en bien de muchos... [17]Pues <u>si la muerte reinó como resultado del delito de un solo hombre [Adán]</u>, con mayor razón <u>aquellos a quienes Dios, en su gran bondad y gratuitamente, hace justos, reinarán en la nueva vida mediante un solo hombre, Jesucristo</u>.*

Romanos 5:15, 17

El resto de este volumen presentará información sobre la experiencia del "nuevo nacimiento": lo que realmente significa, cómo se logra y a qué se parece la verdadera vida "nacida nueva". No se detenga, continúe leyendo.

Resumen de las perlas de verdad

1. *Cuando Adán pecó, toda la humanidad pecó con él, ya que toda la humanidad se había encarnado en la simiente de su lomo.*

2. *La alienación de la humanidad de Dios le ha dado a la humanidad un falso sentido de la realidad y un entendimiento corrupto de la moral y el mal.*

3. *La humanidad no puede cambiarse a sí misma ni su curso hacia la destrucción eterna sin la liberación del cielo.*

4. *La ÚNICA manera de salir del dilema de la humanidad destinada al infierno es por medio de la restitución total de Dios del hombre según Adán y su completa sustitución por el hombre según Cristo.*

Alabado sea el Dios y Padre de nuestro Señor Jesucristo, pues en <u>Cristo nos ha bendecido</u> en los cielos <u>con toda clase de bendiciones espirituales.</u> ⁴<u>Dios nos escogió en Cristo desde antes de la creación del mundo</u>, para que fuéramos santos y sin defecto en su presencia. Por su amor…

Efesios 1:3, 4

Capítulo 3

NACER DE NUEVO:
EL FACTOR JESÚS

Ya hemos visto que una persona primero debe preexistir como simiente de vida en su padre y, por proyección hacia atrás, en Adán, con el fin de nacer en el reino natural. Lo mismo es cierto en el reino espiritual. Una persona debe primero preexistir en Cristo antes de que él / ella pueda nacer de nuevo (de la vida del espíritu) a su existencia eterna en el reino de los cielos.

Esta preexistencia divina en Cristo es el don más precioso de nuestro Padre celestial, y forma el núcleo del plan de la redención que Él estableció en nuestro Salvador antes de la creación del mundo. He aquí cómo la inspiración divina lo expresa en la carta de Pablo a los creyentes de Éfeso.

Alabado sea el Dios y Padre de nuestro Señor Jesucristo, pues en <u>Cristo nos ha bendecido en los cielos con toda clase de bendiciones espirituales</u>. ⁴<u>Dios nos escogió en Cristo desde antes de la creación del mundo</u>, para que fuéramos santos y sin defecto en su presencia. Por su amor...

Efesios 1:3, 4

Perla de verdad #1: *Dios escogió darle a toda la humanidad una existencia eterna y espiritual en Cristo antes de la creación del mundo, y antes de nuestra existencia natural según Adán limitada por el tiempo.*

Esta provisión de la gracia se realizó debido a la previsión de Dios del pecado de Adán y su terrible juicio sobre todos sus descendientes. En otras palabras, Dios estableció el plan de redención eterna en Jesucristo para todos los seres humanos que nacen en este mundo. Millones de habitantes de la tierra caminan por este planeta totalmente ignorantes de su existencia eterna y espiritual en el Hijo de Dios. Al mismo tiempo, dan tumbos mientras creen que el corto tiempo que pasan en esta tierra es lo mejor que hay, o lo mejor a lo que pueden aspirar. ¡Cuán terriblemente equivocados están! He aquí la perspectiva de Dios con respecto a la vida humana actual.

El hombre nacido de mujer, corto de días, y hastiado de sinsabores, ²Sale como una flor y es cortado, y huye como la sombra y no permanece.

Job 14:1, 2, RV

Qué descripción apropiada de la vida aquí en la tierra—pocos días, llenos de problemas, vida como la de la flor y sombra que desaparece. Sin embargo, siempre que haya una sombra, debe haber alguna forma de realidad produciéndola (a la sombra). Esa realidad no es lo que vemos ni experimentamos ahora en este mundo presente. En cambio, era la abundante vida plena que experimentó Adán antes de la Caída, y lo que Dios proveyó en Cristo por medio de nuestra redención antes de que comenzara este mundo. Esa vida presente, en su mejor momento, es como un espejismo en un desierto, un mero correr tras el viento. El predicador sabio dijo:

Dios estableció el plan de la eterna redención en Cristo Jesús para todos los seres humanos nacidos en este mundo.

> *Y pude darme cuenta de que todo lo que se hace en este mundo es vana ilusión, es querer atrapar el viento.*
>
> Eclesiastés 1:14

No hay absolutamente ningún control ni permanencia en la vida presente, según la conocemos. Una persona podría pasar su tiempo muy corto en esta tierra tratando de acumular tanto como le sea posible, con la esperanza de hacer su vida cómoda y feliz en sus últimos años, pero es posible que nunca viva para ver los años que él llama "finales". Hay muchas variables adversas que corroen o que, de repente, devoran los resultados de nuestro trabajo bajo el sol y la vida se reduce a un juego de azar. Una persona podría estar viviendo bien en una casa muy hermosa hoy, y antes de mañana, su hogar podría desaparecer por algún desastre imprevisto o porque la misma persona podría dejar de existir.

Una vecina mía muy querida perdió su casa en un incendio una noche mientras estaba fuera de la ciudad. Absolutamente nada se salvó de lo que sus años de trabajo acumularon. Afortunadamente, la casa estaba asegurada y ella pudo reconstruirla con mucho más espacio y comodidades que su vivienda anterior. Sin embargo, justamente cuando se estaba instalando en su nuevo lugar, se le diagnosticó una enfermedad que amenazaba su vida. En menos de un año, mi querida vecina y amiga falleció.

He aquí otro ejemplo de la realidad de esta vida. Durante una Navidad, hace unos años, yo estaba visitando mi país de nacimiento: Trinidad, en las Antillas. Estaba allí mientras nuestra muy joven campeona internacional defendía con éxito su título mundial del CMB. Ella estaba clasificada como la mujer boxeadora #1 de peso medio ligero de todos los tiempos y había ganado todas sus 17 peleas por el título y hábilmente defendido sus ocho títulos mundiales seis veces consecutivas.[1] Recuerdo haberla visto en la televisión local moviendo su dedo índice derecho ante la cámara, al tiempo que gritaba: "¡Número uno bebé!" Eso sucedió la noche del 26 de diciembre de 2008. Nueve días más tarde, el 4 de enero de 2009, Trinidad y Tobago y el resto del mundo despertaron escuchando la noticia devastadora de que Giselle Salandy, la boxeadora sensacional de 21 años de edad, había muerto a causa de lesiones que sufrió aquella mañana en un accidente de vehículo de motor.

Ciertamente, esta es la triste historia de una vida

que terminó prematuramente–de la lucha de una campeona prometedora después de que el viento llamara su vida (Eclesiastés 1:14). Lamentablemente, toda la humanidad nace a una existencia que marcha a destiempo, aunque certeramente, hacia la muerte. No hay absolutamente ninguna estabilidad aquí; solo abundan el cambio y la decadencia. Sin embargo, Dios nos ofrece a todos la opción de una eterna vida plena, una vida nacida de nuevo por medio de Jesucristo, el Salvador del mundo. Jesús expresó esa alternativa con toda claridad cuando se hizo carne y habitó entre nosotros (Juan 1:14). Él dijo: *"El ladrón viene solamente para robar, matar y destruir; <u>pero yo he venido para que tengan vida, y para que la tengan en abundancia"</u>.* (Juan 10:10)

La vida redentora de Jesús

El pago que da el pecado es la muerte, pero el don de Dios es vida eterna en unión con Cristo Jesús, nuestro Señor.

Romanos 6:23

Toda la Biblia es una historia de la vida real del eterno Dios lleno de amor por un planeta en rebelión. Describe a Dios proyectándose a través de Su Hijo, Jesucristo, para asegurar la redención y la liberación de sus hijos distanciados por el dominio destructivo del demonio. Las Escrituras afirman que Dios estaba obrando por medio de su Hijo, reconciliando al mundo perdido consigo mismo (2 Corintios 5:18, 19).

Cristo vino no solo para pagar el precio del rescate por el pecado de la humanidad, sino también para proveernos una vida que derrotó a los ejércitos del mal de la oscuridad y del mundo. La Biblia dice que Él vino para deshacer las obras del diablo (1 Juan 3:8). Tenga la seguridad de que dichas obras incluyen todas las facetas de las operaciones del diablo en este planeta y, en particular, en la vida de los descendientes de Adán. Lea lo que la Palabra de Dios dice acerca de esto en el libro de Hebreos:

> *Así como los hijos de una familia son de la misma carne y sangre, así también Jesús fue de carne y sangre humanas, para derrotar <u>con su muerte al que tenía poder para matar, es decir, al diablo.</u> ¹⁵<u>De esta manera ha dado libertad a todos los que</u> por miedo a la muerte <u>viven como esclavos durante toda la vida</u>.*

Hebreos 2:14-15

La muerte de Cristo representa todo para el creyente. Quiebra el reclamo del diablo en la vida de todos los que reciben a Cristo como su Salvador y Señor. Sin embargo, es Su vida resucitada la que libera al creyente del temor a la muerte y de cada cadena de servidumbre satánica.

> *La muerte de Cristo... quiebra el reclamo el diablo en la vida de todos los que recibir a Cristo como su Salvador y Señor.*

La Biblia dice que Cristo *experimentó la muerte por cada uno* (Hebreos 2:9), y pensando esto: *uno murió por todos, luego todos murieron.* *¹⁵Cristo murió por todos, para que los que viven ya no vivan para sí mismos, sino para él, que murió y resucitó por ellos.* (2 Corintios 5:14, 15)

Nuestro bautismo

Cristo no solo murió por nosotros; murió como nosotros. Cuando murió, nosotros morimos, nuestro bautismo da testimonio de esa muerte. Cuando se levantó, nosotros también nos levantamos en Él. Es la vida resucitada de Cristo la que nos libera de nuestra conexión con Adán (todas las disposiciones legales, físicas y espirituales, que nos ligan a él — **(consulte Romanos 7:1-6))**, y nos une con Él a través de nuestra existencia espiritual renacida en Él. La Palabra de Dios dice que cualquier persona que está unida a Cristo por medio del bautismo no solo se ha revestido de Cristo (Gálatas 3:27), sino que se ha hecho espiritualmente uno con Él (1 Corintios 6:17). Esa es nuestra nueva unión permanente. Lo que, por tanto, Dios ha unido, ningún poder en la tierra o en el infierno puede separar, ¡porque el estado de esa unión es muy fuerte! Escuche la Palabra de Dios:

> *¿Qué, pues, diremos a esto? Si Dios es por nosotros, ¿quién contra nosotros?* *³²El que no escatimó ni a su propio Hijo, sino que lo entregó por todos nosotros, **¿cómo no***

también con él nos dará todas las cosas?

³³¿Quién acusará a los escogidos de Dios? <u>Dios es el que justifica</u>.

³⁴¿Quién es el que condenará? <u>Cristo es el que murió</u>; más aún, <u>el que también resucitó, quien además está a la diestra de Dios, el que también intercede por nosotros</u>.

³⁵¿Quién nos apartará del amor de Cristo? tribulación? ó angustia? ó persecución? ó hambre? ó desnudez? ó peligro? ó cuchillo? ³⁶Como <u>está escrito</u>: Por causa de ti somos muertos todo el tiempo: Somos estimados como ovejas de matadero. ³⁷Antes, <u>en todas estas cosas hacemos más que vencer por medio de aquel que nos amó</u>.

³⁸Por <u>lo cual estoy cierto</u> que ni la muerte, ni la vida, ni ángeles, ni principados, ni potestades, ni lo presente, ni lo por venir, ³⁹Ni lo alto, ni lo bajo, ni ninguna criatura nos podrá apartar del amor de Dios, que es en Cristo Jesús Señor nuestro.

Romanos 8:31-39, RV

En esta nueva unión, el hijo de Dios se encuentra bajo el cuidado y la protección de su cónyuge espiritual: Jesucristo. La escritura anterior resalta ese hecho mediante la presentación de seis preguntas retóricas poderosas, a saber, (1) *¿Qué, pues, diremos a esto?* (2) *Si Dios es por nosotros, ¿quién contra nosotros?* (3) *El que no escatimó ni a su propio Hijo, sino que lo entregó por todos nosotros, ¿cómo no también con él nos dará todas las cosas?* (4) *¿Quién acusará a los escogidos de Dios?* (5) *¿Quién es el que condenará?* (6) *¿Quién nos apartará del amor de Cristo?*

Cristo no solo murió por nosotros; Él murió como nosotros. Cuando ÉL murió, nosotros morimos.

Las respuestas implícitas a todas estas preguntas apuntan a una verdad indiscutible: el Padre defiende y justifica plenamente a todos aquellos que deciden unirse a Su Hijo. El estado de esa unión es tan fuerte e indestructible que no hay absolutamente NADA en TODA la creación que pueda romper o cambiarla, excepto la elección voluntaria del creyente de separarse completamente de Cristo. Más adelante se proveerán más detalles sobre ese asunto.

Perla de verdad #2: *La vida de Cristo es tan importante como Su muerte. Su muerte pagó el precio por el pecado; Su vida nos da la victoria sobre satanás, el pecado y la tumba.*

Porque si siendo enemigos, fuimos reconciliados con Dios por la muerte de su

Hijo, mucho más, estando reconciliados, <u>seremos salvos por su vida</u>.

Romanos 5:10

De acuerdo con el pasaje anterior, en realidad somos salvados por la vida victoriosa resucitada de Cristo. Si el Salvador no se hubiera levantado de entre los muertos, entonces, su muerte habría sido inútil y seguiríamos muertos en nuestros pecados. Pablo da testimonio de que tal mensaje hará que nuestra predicación del Evangelio sea sin valor, que nuestra fe en Cristo sea inútil, y nuestras vidas, las más miserables de toda la humanidad (1 Corintios 15:14-19). Sin embargo, hay que dar gracias a Dios continuamente por la vida resucitada de Cristo, por la cual nuestra victoria sobre el dominio del pecado y nuestra esperanza de vida eterna están garantizadas.

El estado de la unión entre Cristo y los creyentes es tan fuerte que no hay absolutamente Nada en Toda la creación que pueda romperla o cambiarla.

Nuestro legado es la Vida resucitada que ha hecho, y todavia puede sanar al enfermo; ver al ciego, andar al cojo, oir al sordo, hablar al mudo, levantar al muerto de la tumba y dar completa libertad al prisionero de addiccion, pecado y culpa. Esta es la vida que recibimos cuando nacimos de nuevo del Espíritu de Dios. De hecho, hemos sido salvados por la intervención de su vida en nosotros, y no por los esfuerzos carnales de nuestras almas bien intencionadas.

En Su conversación con Nicodemo, el Salvador clarificó, sin lugar a dudas, que a menos que una persona nazca de nuevo, no puede experimentar la vida eterna en el reino de Dios. Jesús dijo que todos los que buscan el reino deben nacer (1) *de agua*, refiriéndose a nuestro bautismo, que es un símbolo de la muerte y la sepultura de nuestra vida natural anterior, y nuestra resurrección a una nueva vida en Cristo; y (2) *del Espíritu*, refiriéndose al nacimiento de una nueva vida espiritual en Cristo, dentro del creyente. Pablo escribió:

> *...¿No saben ustedes que, al quedar unidos a Cristo Jesús en el bautismo, quedamos unidos a su muerte? ⁴Pues por el bautismo fuimos sepultados con Cristo, y morimos para ser resucitados y vivir una vida nueva, así como Cristo fue resucitado por el glorioso poder del Padre. ⁵Si nos hemos unido a Cristo en una muerte como la suya, también nos uniremos a él en su resurrección. ⁶Sabemos que lo que antes éramos fue crucificado con Cristo, para que el poder de nuestra naturaleza pecadora quedara destruido y ya no siguiéramos siendo esclavos del pecado.*
>
> Romanos 6:1-6

Por medio del bautismo, el creyente refleja tanto la muerte (la pena por el pecado) y la resurrección (victoriosa, vida sin fin) de Jesucristo, los actos inseparables de la vida de Cristo que traen la redención completa a todos los que creen en Él. Sin embargo, el Espíritu Santo es el agente divino que regenera la vida de Jesús dentro del creyente cuando este recibe a Jesús como su Salvador y Señor. Es mediante su influencia en el espíritu del creyente (Romanos 8:16) que el hijo de Dios es capaz de vivir la vida resucitada de Jesús.

Perla de verdad #3: *La vida nacida de nueva es la "simiente" incorruptible de la vida victoriosa resucitada de Jesús.*

La elección de Dios

El regalo de la vida eterna en Jesús es lo que Dios eligió para cada ser humano antes de que comenzara el mundo. Ese don de Cristo para la humanidad y el mundo fue la piedra angular del plan de la redención. Nuestra salvación no depende de ninguna acción de nuestra parte, ni de nuestra afiliación con ningún tipo de organización religiosa. Se basa en su totalidad en la elección autoritativa del Dios omnisciente, llevada a cabo hace tiempo en la eternidad (Efesios 1:3, 4).

En Romanos 8:29, la Biblia dice que *a los que Él [Dios] había conocido de antemano, los destinó desde un principio [predeterminó, o determinó de antemano] a ser como su Hijo, para que su Hijo fuera el primero entre muchos hermanos.* Romanos 8:29 (corchetes añadidos). A través de su presciencia divina, sabiduría y gracia, Dios decidió que cada uno de sus hijos nacidos de nuevo se creará de nuevo a la imagen de su Hijo. El plan total de la redención se basaba en decisiones de Dios previas a la creación y a las disposiciones que Él hizo posible por medio de Jesucristo.

> *Nuestra salvación nunca depende de... nuestra afiliación con ningún tipo organización religiosa.*

Así como Adán llevó a todas las generaciones de carne en sí mismo cuando este mundo se inició, así, también, Cristo llevo a todas las generaciones del espíritu en sí mismo mucho antes, incluso, de que Adán fuera creado. Y sin lugar a dudas, Cristo era totalmente un ser-espíritu, sin un cuerpo humano natural, antes de la fundación del mundo. Se tuvo que preparar un cuerpo para Cristo antes de que viniera a nuestro mundo (Hebreos 10:5). Ahora, puesto que el estado de existencia eterna anterior de Cristo era Espíritu, también es cierto que todas las generaciones encarnadas en los lomos de Cristo (por así decirlo) eran totalmente correspondientemente espíritu no carne.

Así como es en lo natural, así es en lo espiritual. Aunque el plan de redención de ios hizo provisión para que toda la humanidad disfrutaDra de una preexistencia encarnada en Cristo antes de la creación del mundo, dicha disposición no garantizó que toda la humanidad nacería de nuevo a la vida eterna en el reino de Dios. A menos y hasta que ese nacimiento se lleve a cabo, la vida pre-existente de la humanidad en Cristo no puede convertirse en una entidad viviente viable. En otras palabras, es solo después de que una persona recibe a Cristo y nace de nuevo del Espíritu de Dios que su preexistencia provisionalmente eterna en Cristo, en realidad, se regenera dentro de él.

¿Cómo una persona nace de nuevo?

> *Pero a quienes lo recibieron y creyeron en él, les concedió el privilegio de llegar a ser hijos de Dios. <u>Y son hijos de Dios, no por la naturaleza ni los deseos humanos, sino porque Dios los ha engendrado</u>.*

Juan 1:12, 13

> *Siendo renacidos, no de simiente corruptible, sino de incorruptible, <u>por la palabra de Dios</u>, que vive y permanece para siempre.*

1 Pedro 1:23, RVA

Cuando se combinan estos dos pasajes, tenemos una comprensión bastante buena de cómo una persona nace de nuevo–es decir, cómo la vida que Dios escogió para esa persona antes de la fundación del mundo (Efesios 1:3, 4) se originó en el reino espiritual.

De acuerdo con el primer pasaje, cada vez que una persona recibe a Cristo como su Salvador y Señor, se dice que esa persona nace de Dios y tiene el derecho, dado por Dios, de llamarse hijo de Dios. Ese es, en su totalidad, un asunto de espíritu y fe, entre Dios y el pecador arrepentido, con base firme en la Palabra infalible de Dios.

Ningún agente ni agencia humana tiene autoridad para anular la vida de una persona nacida de nuevo a Dios que cree en Jesús.

Ese acto de Dios de dar a luz una nueva vida en Cristo (no en Adán) es totalmente independiente de cualquier tipo de interferencia humana. Observe el lenguaje del texto: <u>*no por la naturaleza ni los deseos humanos, sino porque Dios los ha engendrado*</u> (Juan 1:13). Ningún agente ni agencia humana tiene la autoridad ni el poder para interceptar ni anular la vida de una persona nacida de nuevo a Dios que cree en Jesús. Ese es, en su totalidad, un asunto exclusivo entre Dios y el creyente arrepentido.

El segundo pasaje proporciona la explicación perfecta de cómo se conduce a una persona hasta ese lugar favorable para que se produzca la primera experiencia. Una persona no puede estar lista para recibir a Cristo sin el testimonio combinado del Espíritu Santo y la Palabra de Dios en su alma pecadora. Es ese testimonio lo que produce el nacimiento de la vida espiritual del hombre nacido de nuevo.

Perla de verdad #4: *Cuando la simiente del Espíritu eterno* *de Cristo conecta con la Palabra eterna de Dios en el alma del individuo nacido naturalmente, su vida preexistente en Jesús se convierte en una realidad.*

Palabra Madre, Dios Padre

1 Pedro 1:23, RVA, dice que renacemos *no de <u>simiente corruptible</u>, sino de <u>incorruptible</u>, por la <u>palabra de Dios</u>, que vive y permanece para siempre*. La simiente corruptible representa la naturaleza carnal de Adán en nuestra vida natural. Sin embargo, la semilla incorruptible es la naturaleza espiritual de Jesús que le brinda una nueva vida divina al espíritu del creyente nacido de nuevo, en su respuesta a la Palabra de fe.

En términos humanos, una vida espiritual nacida de nuevo es el producto de la unión inseparable entre el Dios-Padre y la Palabra-Madre. Dios, por medio de su Espíritu eterno, es el que proporciona la simiente-espíritu incorruptible, imperecedera de Cristo, y la Palabra de Dios proporciona un entorno acogedor para que la simiente-vida eche raíces y crezca. Por otra parte, así como el Espíritu (Padre) y la Palabra (la madre) son eternos, la vida que se produce y sustenta en el creyente también es eterna.

En la reproducción normal de la vida humana, la madre que provee el huevo que el esperma fertiliza también es bendecida con dos fuentes productoras de leche (pechos) para alimentar la vida que ella produce. En el sentido espiritual, la Palabra de Dios funciona de la misma forma.

No solo se une con el Espíritu de Dios para concebir una nueva vida en el creyente, sino que también tiene dos fuentes productoras de leche en el Antiguo y el Nuevo Testamento para alimentar y nutrir esa vida. Por lo tanto, Pedro advierte a todos los recién nacidos espirituales:

> *"...como niños recién nacidos, busquen con ansia la la leche espiritual pura, para que por medio de ella crezcan y tengan salvación"*
>
> 1 Pedro 2:2

Es muy importante que el hijo de Dios nacido de nuevo sepa que la lectura, el estudio y la meditación en la Palabra de Dios debe formar parte integral de su vida espiritual diaria si es que crezca con respecto a la salvación. Del mismo modo que un bebé no puede sobrevivir sin la alimentación constante que le proporciona la leche de su madre, así también, el espíritu-vida del creyente se perjudica si no recibe alimentación continua de la Palabra eterna de Dios.

Así como el Espíritu y la Palabra son eternos, la vida que se produce y sustenta en el creyente es también eterna.

Una de las principales razones para que el cristiano profeso experimente falta de fe, debilidad e impotencia espirituales y luchas contra el pecado es que no mantiene esa interacción diaria con la Palabra viva de Dios. Al igual que la leche de la madre está dotada naturalmente de un conjunto completo de nutrientes que promueven el crecimiento y desarrollo saludable del niño, la Palabra de Dios ha sido divinamente diseñada para proporcionar el alimento completo y el apoyo integral a la vida-espíritu nacida de nuevo del creyente.

¿Cuántos creyentes tratan de mantener su nueva vida en Cristo solo teniendo contacto con la Palabra de Dios una vez a la semana? Estos no perciben el peligro; ni siquiera hacen ninguna conexión significativa entre esa práctica poco saludable y su estilo de vida menos que deseado. El único agente vivificante que tiene el poder de nutrir la mente de Cristo en el espíritu del creyente, concediéndole una sabiduría espiritual inimaginable y perspicacia, es la Palabra de Dios. La única forma en que el creyente puede desarrollar una fe victoriosa que supere las fuerzas del mundo es por medio del oír, hablar y caminar en la vivificante, poderosa Palabra de Dios.

Esa Palabra dice que *todo aquello que es nacido de Dios vence al mundo: y esta es la victoria que vence al mundo, nuestra fe* (1Juan 5:4); y que esa fe viene por el oír la Palabra de Dios (Romanos 10:17). Es muy importante mencionar que esa Palabra de Dios no es un libro de texto que sacamos de un estante polvoriento o que agarramos de una mesa en nuestro camino hacia la puerta de la iglesia. Tampoco es un volumen caprichoso para jugar al "abracadabra" con el Dios invisible. ¡NO! Un millón de veces: ¡NO!

La Biblia no es un libro de texto para la investigación y recopilación de información. Es un Libro de Vida que proporciona energía, visión y dirección para vivir la vida abundante de los redimidos. Por otra parte, es *viva y poderosa, y más cortante que cualquier espada de dos filos. Penetra hasta lo más profundo del alma y del espíritu, hasta la médula de los huesos, y juzga los pensamientos y las intenciones del corazón* (Hebreos 4:12, NVI). El libro de Proverbios da las siguientes instrucciones muy importantes con respecto a la Palabra de Dios:

La Biblia no es un libro de texto. Es un Libro de Vida.

> *Atiende a mis palabras, hijo mío; préstales atención. ²¹Jamás las pierdas de vista, ¡grábatelas en la mente. ²²Ellas dan vida y salud a todo el que las halla.*
>
> Proverbios 4:20-22

Las instrucciones en el pasaje anterior son muy abarcadoras y se dirigen a todas las vías de influencia que alimentan el alma humana. La Palabra de Dios no solo debe captar toda la atención de los creyentes, sino que debe involucrar los órganos del oído y de la vista y formar parte de su meditación diaria. Si el hijo de Dios se adhiere a ese consejo con la debida diligencia, descubrirá el poder en la Palabra para renovar sus fuerzas espirituales, mentales y de la vida natural.

Además, el Señor Jesús respalda la primacía de la

Palabra de Dios como el agente sin igual, para mantener la vida del alma humana. Observe lo siguiente:

> Pero Él contestó y dijo: Escrito está: NO SOLO DE PAN VIVIRÁ EL HOMBRE, SINO TAMBIÉN DE TODA PALABRA QUE SALGA DE LOS LABIOS DE DIOS.
>
> Mateo 4:4

Esta declaración no solo es cierta para la vida natural del hombre, sino que resulta aún más cierta para la vida espiritual de los individuos nacidos de nuevo. Es una verdad que cada hijo de Dios debe entender bien cada día que viva: la Palabra de Dios es sustento indispensable para el hombre interior de su espíritu.

Resumen de las perlas de verdad

1. *Dios escogió darle a toda la humanidad una existencia eterna y espiritual en Cristo antes de la creación del mundo, y antes de nuestra existencia natural limitada por el tiempo en Adán.*

2. *La vida de Cristo es tan importante como Su muerte. Su muerte pagó el precio por el pecado; Su vida nos da la victoria sobre satán, el pecado y la tumba.*

3. *Una vida nacida de nuevo es la "simiente" incorruptible de la vida resucitada, victoriosa de Jesús.*

4. *Cuando la simiente del Espíritu eterno de Cristo conecta con la Palabra eterna de Dios en el alma del individuo nacido naturalmente, su vida preexistente en Jesús se materializa.*

Notas:

1. http://en.wikipedia.org/wiki/Giselle_Salandy

Por eso, nosotros ya no pensamos de nadie según los criterios de este mundo; y aunque antes pensábamos de Cristo según tales criterios, ahora ya no pensamos así de él.

2 Corintios 5:16

"...lo que nace del Espíritu, es espíritu."

Juan 3:6

Capítulo 4
NACER DE NUEVO:
ENTENDIENDO EL NUEVO "YO"

De modo que si alguno <u>está en Cristo</u>, nueva criatura es: las cosas viejas pasaron; he aquí <u>todas</u> son hechas nuevas.

2 Corintios 5:17, RVA

En este capítulo vamos a explorar elementos que pertenecen a la vida nacida de nuevo. El creyente debe entender su verdadera identidad en Cristo para vivir con éxito la vida de un hijo de Dios nacido de nuevo. En el caminar cristiano, la identidad es todo. Es la raíz y fundamento de toda la experiencia del nuevo nacimiento. Define el éxito o el fracaso en el trato con el diablo, el pecado y todas las fuerzas del mundo.

En más de 30 años en el ministerio pastoral, he descubierto que muchos de los que profesan ser cristianos que he conocido durante ese tiempo estaban muy confundidos acerca de su verdadera identidad en Cristo. Esto no es del todo extraño ya que, incluso, una vez yo era uno de ellos. Sin embargo, cada vez que iba a hacer la pregunta: "¿Quién eres realmente?", a menudo me sorprendía por la similitud de las respuestas que recibía. He aquí algunos ejemplos:

1. *"Yo soy_____"*. La mayoría de la gente comienza normalmente identificándose por su nombre. Entonces yo replicaba: "Bueno, ese es solo tu nombre, pero ¿quién eres realmente? A menudo me daban respuestas como las siguientes: "Jum, nunca había pensado eso". "Me agarraste con eso". "¿Sabes?, esa es una pregunta muy profunda". "Voy a tener que pensar eso más a fondo". "Nunca había pensado en eso de esa manera."
2. *"Yo soy un_____"*. Otras personas se identifican mediante su afiliación religiosa. Sin embargo, cuando yo respondo diciendo: "Eso es solo tu religión, pero ¿quién realmente eres?" Por lo general, recibo alguna variante de las respuestas dadas en el apartado anterior #1.
3. *"Yo soy un hijo de Dios"*. Ahora bien, esa era mi favorita porque, incluso, si se trataba de una respuesta aproximada o "políticamente" correcta cuando preguntaba: "¿Qué quiere decir con eso?" la mayoría de la gente hablaba de sus rituales o prácticas religiosas: "Asisto a la iglesia periódicamente, leo la Biblia de vez en cuando, oro cada mañana o noche o ambas, ayuno bastante a menudo, etc". Cuando preguntaba: "¿Es eso lo que un hijo de Dios realmente es, o solo algunas de las cosas que se puede esperar que un hijo de Dios haga?" Una vez más, la mayoría de la gente se refería a respuestas similares a las del apartado anterior #1.

4. Otros se clasificaban a sí mismos de acuerdo a sus habilidades, profesión, educación o puesto. Sin embargo, pronto reconsideraban su postura cuando se daban cuenta de que esas cosas solo expresaban algo sobre sí mismos y, realmente, no los identificaban como individuos.

La identidad es todo

Pero, ¿por qué es de vital importancia que un individuo pueda tener un entendimiento muy claro de su verdadera identidad en este mundo? Debido a que una persona solo reflejará a quién o lo que realmente percibe de sí mismo. Es decir, la manera de pensar y el comportamiento de un individuo son consecuencias directas de la percepción de su personalidad. Esa verdad es muy crítica para nuestra discusión actual, ya que tiene un impacto general en la calidad de la experiencia de redención del creyente nacido de nuevo. Permítanme ilustrarlo:

He aquí dos ejemplos comunes de como muchos seguidores de Jesús ven su vida nacida de nuevo:

(1) *Dios en realidad no esperaba que yo fuera perfecto, porque sabe que <u>solo soy humano</u>.*

Esta comprensión autoreconfortante y centrada en sí misma de una persona nacida de nuevo está muy lejos de lo que Jesús expresó en la Palabra de Dios: *"Sed, pues, vosotros perfectos, como vuestro Padre que está en los cielos es perfecto"* (Mateo 5:48, RVA). Ahora, debe ser o que Jesús está fuera de contacto con nuestra realidad o que nosotros estamos fuera de contacto con lo que realmente es la realidad de nuestra situación de vida. Otro escenario incrédulo sería o que Jesús nos está mintiendo o que simplemente no conocemos la verdad sobre nuestra vida en Él.

> *La identidad es todo. Es la misma raíz y fundamento de toda la experiencia de nacer de nuevo.*

De cualquier manera, el autor de este libro cree que es totalmente imposible que Jesús mienta, porque Él es la personificación de toda verdad y realidad y es solo a través de Él que lo que subsiste cs a la vez verdad y realidad (Colosenses 1:16, 17). Además, cualquier percepción humana que no se ajuste a la Palabra infalible de Dios debe ser falsa. Debe ser, entonces, que el punto de vista anterior de la vida nacida de nuevo necesita reevaluarse y ajustarse según lo define la Biblia.

(2) *A pesar de que he nacido de nuevo, <u>siempre voy a ser un pecador</u> hasta que Jesús vuelva a poner fin al pecado.*

A este punto de vista sobre la vida nacida de nuevo se lo puede llamar el hermano siamés de la idea expresada anteriormente en el #1. Es igualmente condescendiente y debilitante en su efecto sobre la calidad de la experiencia de redención del creyente, y conduce a que una persona se resigne ante la fuerza de su naturaleza pecaminosa según Adán: la misma naturaleza por la que Cristo murió con el propósito de destruirla (Romanos 6:1- 14; 7:1-6; Colosenses 2:10, 11). La mediocridad espiritual y una forma de piedad sin poder espiritual (2 Timoteo 3:5) se convierten en el fin de la vida caracterizada por ese punto de vista de la experiencia del nuevo nacimiento.

Por otra parte, esa percepción errónea da lugar a conceptos contradictorios engañosos como el de "pecador nacido de nuevo" y el de la "espiritualidad (carne) humana", también conocidos como "el justo por las obras". En los púlpitos y en las bancas de muchas comunidades religiosas, aquellos que profesan seguir a Jesús se mueven con sorprendentes niveles de comodidad en esas zonas muy erróneas, que les abren las puertas a todo tipo de manifestaciones demoníacas para que se infiltren en el cuerpo de Cristo bajo la apariencia de auténticas experiencias espirituales.

La verdad del asunto es que nadie nace de nuevo en el reino de Dios como pecador. Puede caminar con un cuerpo de pecado, pero la vida del tesoro de Dios dentro de ese recipiente de arcilla corrupta no es pecador en lo absoluto porque aquel que es nacido de Dios, no hace pecado (1 Juan 3:9, RVA). Se hablará más con respecto a esto un poco más adelante en este capítulo.

Vivir centrado

Ahora, si el hijo de Dios se define a sí mismo en su

totalidad por su vida interior, refleja el poder de esa vida en su comportamiento externo. Por otro lado, si continúa definiéndose según la vida de su nacimiento y no por su vida nacida de nuevo interior, entonces, muy ciertamente reflejará todos los pecados ligados al legado pecaminosos de Adán. Así es de simple. El hijo de Dios debe recordar cada momento que respira que ya no es él (Adán mismo) quién vive, sino que es el Cristo interior, que ahora vive y controla sus pensamientos y su vida.

> *Con Cristo he sido crucificado <u>y ya no soy yo quien vive, sino que es Cristo quien vive en mí</u>. Y la vida que ahora vivo en el cuerpo, <u>la vivo por mi fe en el Hijo de Dios</u>, que me amó y se entregó a la muerte por mí.*
>
> Gálatas 2:20

El "yo" en mí se ha ido. El "Cristo" en mí ha venido. Ese debe ser mi enfoque cada momento de cada día. No vivo con fe en mí, sino por la fe de Cristo en mí. Cristo en mí es la verdad sobre quién yo soy, pues el "yo" en mí ha muerto. Sin embargo, si no conozco ni reclamo esa verdad sobre quién soy en Cristo, quedo viviendo para quienquiera o lo que sea que yo perciba ser en Adán. Mi identidad está en Cristo o en Adán. No hay punto medio en lo absoluto! Esa es la razón por la cual es tan importante que identifiquemos quién es realmente esa criatura que ha vuelto a nacer en Cristo y que entendamos lo que eso significa en nuestra experiencia cotidiana.

El pasaje con que se inicia este capítulo constituye la pieza central de esta discusión. Dice que *si alguno <u>está</u> en Cristo, nueva criatura es: las cosas viejas pasaron; he aquí <u>todas</u> son hechas nuevas* (2 Corintios 5:17, RVA). La más importante verdad expresada en ese texto es que el nacer de nuevo *es un estado de estar* en Cristo— es decir, un estado de existencia, no una idea ni un cambio de paradigma en Adán. Ese estado de estar es el único requisito de la experiencia de nacer de nuevo. La palabra "si" presupone una condición vinculante; y la frase "en Cristo" establece cuál es la condición vinculante. La condición describe una posición muy singular relacionada con la provisión de Dios para la salvación del mundo, Jesucristo.

Nadie en todas las Escrituras utiliza esa expresión "en Cristo"[1] más que el apóstol Pablo. De las 59 veces en que se registra en el Nuevo Testamento en la autorizada versión DHH de la Biblia, el apóstol gentil la utiliza 56 veces. A través de la revelación directa de Jesucristo (Gálatas 1:11, 12; Efesios 3: 1-5), Pablo indica que Dios hizo esta disposición "en Cristo" para que toda la humanidad cumpliera la condición para la vida nacida de nuevo. A través de esa disposición, estableció todos en una posición distintiva en Cristo antes de la fundación del mundo.

> *Nacer de nuevo es un estado de estar en Cristo, no es una idea ni un cambio en paradigma en Adán.*

Alabado sea el Dios y Padre de nuestro Señor Jesucristo, pues en Cristo nos ha bendecido en los cielos con toda clase de bendiciones espirituales. ⁴<u>Dios nos escogió en Cristo desde antes de la creación del mundo</u>, para que fuéramos santos y sin defecto en su presencia.

Efesios 1:3, 4

Sin embargo, esa provisión de estar "en Cristo" no ofrece ninguna garantía de que todos tomarán la decisión de beneficiarse de ella. Sí, la humanidad debe confiar en Dios y tomar la decisión de recibir Su provisión por medio de Su Hijo, con el fin de volver a nacer como nuevas criaturas en Cristo Jesús. Permítame citar de nuevo ese muy importante recordatorio de la Biblia:

Pero a quienes, <u>lo recibieron y creyeron en él les concedió el privilegio</u> de llegar a ser hijos de Dios. ¹³Y son hijos de Dios, no por la naturaleza ni los deseos humanos, sino porque <u>Dios los ha engendrado</u>.

Juan 1:12, 13

El texto indica claramente que la decisión de recibir a Cristo—es decir, Su vida y sacrificio justos–se debe hacer con el fin de activar la transformación de posición del creyente "en Cristo" hacia la vida nacida de nuevo. Solo los que hacen esa elección tienen el privilegio de nacer de Dios y el derecho a llamarse hijos del Altísimo. Los que hacen esa elección son los que reciben gracia en abundancia para vencer el poder de su naturaleza pecaminosa según Adán, el regalo de Dios de la justicia de Cristo como su protección permanente y la autoridad para reinar en la vida como coherederos del reino de Cristo.

> *Pues si la muerte reinó como resultado del delito de un solo hombre, con mayor razón <u>aquellos a quienes</u> Dios, **en su gran bondad y gratuitamente, hace justos,** <u>reinarán en la nueva vida</u> mediante un solo hombre, Jesucristo.*

Romanos 5:17

El viejo y el nuevo

> *De modo que si alguno <u>está en Cristo</u>, nueva criatura es: las cosas viejas pasaron; he aquí <u>todas</u> son hechas nuevas.*

2 Corintios 5:17, RV

Perla de verdad #1: *El hombre espiritual nacido de nuevo* *es una nueva creación del cielo; no un ajuste ni superación del hombre natural según Adán de la tierra.*

Es importante tener en cuenta, a partir de la escritura anterior, que una persona que está "en Cristo", en esencia, nacida de nuevo, es una creación totalmente nueva de Dios. Desde la perspectiva del cielo, todo lo relacionado con su vida en su ser natural según Adán da paso a su nueva vida en su hombre espiritual interior. Su antigua vida no tiene absolutamente nada que ofrecer que satisfaga, incluso hasta en menor grado, sus necesidades redentoras, porque TODAS sus acciones "justificadoras" son trapos de inmundicia delante de Dios (Isaías 64:6).

La aterradora oruga frente a la hermosa mariposa

Las orugas son criaturas extrañas y de aspecto aterrador. A veces pueden causar que a una persona se le erice la piel con solo mirar su peludo segmentado cuerpo, cuando se arrastra a lo largo de algunos frondosos follajes. Cuando era niño, odiaba estar cerca de las orugas y, con frecuencia, les lanzaba piedras y palos. Nunca me pasaba por la mente que esas criaturas aterradoras, repulsivas, después de algún tiempo, se transformaban en hermosas mariposas. Perseguía a esos bichos por mi barrio para capturarlos como mi posesión más preciada.

Hace poco leí, que "para que el cambio de una oruga a una mariposa ocurra dentro de la pupa, la oruga comienza la liberación de enzimas que digieren, literalmente, casi la totalidad de su propio cuerpo. Lo que queda dentro de la crisálida es más que nada un caldo muy rico en nutrientes a partir del cual la mariposa comienza a formarse"[2]. Se sabe que en ese rico caldo se encuentran algunos elementos neurológicos que mantienen los vínculos vitales que conectan a la mariposa con la oruga predecesora de aspecto aterrador.

Es realmente sorprendente que a pesar de que una mariposa se desarrolla a partir de los restos pegajosos de una oruga, su composición interna y física y la estructura y, aun su comportamiento, son totalmente diferentes de los de una oruga. Este evento metamórfico transforma un "gusano" extraño, que se arrastra, que come hojas, en una criatura completamente nueva, una mariposa hermosa, voladora y buscadora de polen.

¡Qué transformación tan extraordinaria! ¡Y qué poderosa ilustración de la experiencia del "nuevo nacimiento" de la nueva criatura en Cristo Jesús! Todo el comportamiento y las características de su vieja naturaleza según Adán se remplazan completamente por un nuevo espíritu-vida de lo alto: la vida perfecta de Jesús. Ese es el milagro de Dios y no de las obras del hombre. Sin embargo, la triste verdad es que, si bien la nueva mariposa cree que puede volar, y por instinto lo hace, muchos creyentes nacidos de nuevo no creen que pueden hacer realmente todas las cosas por medio de la vida de Cristo en ellos.

Como consecuencia, continúan viviendo vidas como pecadores derrotados que tratan de ser salvados. Ellos realmente no creen que pueden volar (aunque algunos canta: "Creo que puedo volar") como mariposas espirituales, por lo tanto, continúan arrastrándose como "gusanos" que comen tierra. En realidad, no creen que son del cielo, por lo que permanecen atados a la tierra en su pensamiento, punto de vista y experiencia.

"La 'vieja' es mejor"

Todos los descendientes de Adán son transgresores por naturaleza y no hay nada en ellos de lo que Dios pueda sacar partido en la vida nacida de nuevo. Esa es la única verdad que todos los creyentes nacidos de nuevo tienen que comprender plenamente. Demasiados hijos de Dios nacidos de nuevo están tan absorto en sí mismos y engañados por su dotación carnal que se niegan a creer en la palabra de Dios. Ellos se aferran ciegamente a lo que su vana imaginación les dice acerca de su apariencia, inteligencia, logros y restos mortales de los deseos de los ojos, la lujuria de su carne y de su orgullo mundano. Eso ha llevado a muchos a creer que la vida nacida de nuevo tiene margen para cierto grado de mezcla de la vieja vida con la nueva.

Por supuesto, eso es totalmente contrario a lo que la Palabra de Dios expone sobre lo que hizo Dios cuando creó a los individuos nacidos de nuevo en Cristo, es decir, Él hizo TODAS las cosas nuevas (2 Corintios 5:17). El que TODAS las cosas se conviertan en nuevas, en lo más mínimo, sugiere alguna mezcla de la vieja naturaleza con la nueva creación de Dios. Las palabras de Cristo para los escribas y fariseos representan una confirmación muy clara de ese concepto erróneo.

> *Ni tampoco se echa vino nuevo en cueros viejos, porque <u>el vino nuevo hace que se revienten los cueros</u>, y <u>tanto el vino como los cueros se pierden</u>. ³⁸Por eso <u>hay que echar el vino nuevo en cueros nuevos</u>. ³⁹Y nadie que toma el vino añejo quiere después el nuevo, porque dice: '<u>El añejo es más sabroso.</u>'*

Lucas 5:37-39

Aunque este texto una aplicación directa en cuanto al resistente modo de pensar de los líderes judíos hacia las enseñanzas de Cristo, también presenta una oportunidad perfecta para ver la incompatibilidad total entre el hombre natural "viejo" y la nueva creación en Cristo. Muchos de los que han bebido del vino "viejo" de su naturaleza según Adán durante tanto tiempo se han acostumbrado al sabor. Por lo tanto, sus corazones engañosos (Jeremías 17:9) los incitan a creer que lo "viejo" es mejor que, o si no, tan bueno como el "nuevo" vino (vida espiritual) que Cristo ofrece.

El apóstol Pablo se encontró con esa mentalidad de "vino viejo" entre los judíos que tercamente se aferraban a la circuncisión de su carne como elemento preciado de su identidad y distinción religiosa. Para ellos, el cristianismo de una persona estaba incompleto a menos que y hasta que esa persona se circuncidara. En otras palabras, ser una nueva criatura no era suficiente para ser miembro de su comunidad religiosa. La circuncisión de la carne de un hombre, no la fe en Cristo, se convirtió en el requisito fundamental para toda persona que buscaba la salvación y compañerismo comunal. Pablo declaró:

> *De nada vale estar o no estar circuncidados; lo que sí vale es el haber sido creados de nuevo.*
>
> Gálatas 6:15

Es poco menos que increíble ver cómo esa actitud de los judíos, que impone comportamientos ritualistas, humanos sobre la vida espritual nacida de nuevo, impregna las comunidades cristianas de hoy. ¡Recibir a Cristo simplemente no es suficiente! Cada comunidad religiosa tiene su lista adicional de las obras o rituales humanos que deben cumplirse antes que la persona que busca la salvación pueda ser aceptada plenamente en la comunidad de "creyentes".

Muchas de esas comunidades definen su identidad según un elemento muy apreciado en su sistema de creencias o prácticas religiosas y subordinan la fe en Cristo solamente a las tradiciones de los hombres. En consecuencia, los creyentes nacidos de nuevo se ven obligados a ajustarse a las normas y requisitos religiosos porque los líderes de la iglesia no confían (o tal vez, porque no saben) lo que la gracia de Dios está haciendo dentro de esas nuevas criaturas en Cristo.

Sin embargo, la observación hecha por el apóstol Pablo es muy clara. Cualquier práctica encaminada a la santificación del hombre natural es absolutamente inútil. Por otro lado, la nueva creación de Dios, el hombre espiritual interior nacido de nuevo, es todo porque él es el foco de atención de Dios. ¡Dios dirige su atención hacia la nueva creación Cristo-hombre, no hacia la creación vieja del hombre según Adán! Su gracia divina que ofrece todas las bendiciones del cielo, incluido el poder para resistir la tentación y superar el comportamiento pecaminoso, fluye sobreabundantemente solo hacia el hombre espiritual interior del creyente. He ahí la razón por la que Pablo oró:

> *Pido al Padre que <u>de su gloriosa riqueza les dé a ustedes, **interiormente, **poder y fuerza por medio del Espíritu de Dios</u>, ¹⁷que Cristo <u>viva en sus corazones</u> por la fe, y que el amor sea la raíz y el fundamento de sus vidas. ¹⁸Y que así puedan comprender con todo el pueblo santo cuán ancho, largo, alto y profundo es el amor de Cristo. ¹⁹Pido, pues, que conozcan ese amor, que es mucho más grande que todo cuanto podemos conocer, para que lleguen <u>a colmarse</u> de la **plenitud total de Dios**. ²⁰Y ahora, gloria sea a Dios, que puede hacer muchísimo más de lo que*

nosotros pedimos o pensamos, gracias <u>a su poder que actúa</u> en nosotros.

Efesios 3:16:-20

La plenitud de Dios es el foco de la vida de Dios dentro del creyente. Siempre que los cristianos profesos elijan creer la Palabra de Dios y no se dejen engañar por lo que ven o piensan de "la persona en el espejo", descubrirán la libertad, la bendición y la influencia del hombre según Cristo dentro de ellos. Pero Dios no va a prescindir de su preciosa gracia para potenciar o mejorar el odre viejo de la naturaleza humana natural o el "yo".

Cualquier práctica dirigida a santificar al hombre natural es absolutamente inútil.

Es muy triste que muchos creyentes estén espiritual y mentalmente confundidos en cuanto a lo que son en Cristo y sobre lo que realmente ocurrió cuando Lo recibieron como Salvador y Señor. En esencia, no tienen un verdadero entendimiento de lo que realmente nacer de nuevo es o significa. En consecuencia, sus mejores esfuerzos para servir al Cristo que profesan amar son minados constantemente por los aspectos de su vida según Adán a los que no han renunciado debido a su ignorancia espiritual.

Contrario a la Palabra de Dios, pero para dicha del engañador, han profesado haberse revestido de Cristo, pero también le han dejado espacio a su Adán carnal (Romanos 13:14). Aunque en su carne natural según Adán se mantiene presente el anfitrión no cooperador de su vida real espiritual, debe mantenerse bajo estricta disciplina centrando su atención en Cristo y en Su vida dentro de ellos.

La suciedad y el tesoro

Otra metáfora muy potente que contrasta al "hombre natural" con el hombre espiritual nacido de nuevo se encuentra en la segunda carta de Pablo a los cristianos que vivían en Corinto.

> *Porque el mismo Dios que mandó que "la luz brotara de la oscuridad," es el que ha hecho brotar su luz en nuestro corazón, para que podamos iluminar a otros, dándoles a conocer la gloria de Dios que brilla en la cara de Jesucristo. [7]Pero <u>esta riqueza la tenemos en nuestro cuerpo, que es como una olla de barro</u>, para mostrar <u>que ese poder tan grande viene de Dios y no de nosotros</u>.*

2 Corintios 4:6, 7

Es bastante claro, a partir de ese pasaje, que el interés supremo de Dios está en su tesoro, la vida del espíritu de Jesús en el creyente, y no en la vasija de barro de la vida natural que la aloja. El tesoro es la Luz, y la Luz es el conocimiento de la gloria de Dios en la faz o la imagen de Jesucristo formada dentro del creyente. Dios lo diseñó específicamente de esa manera, de modo que la excelencia (o jactancia) del poder solo sea lo que Dios está haciendo en nuestro espíritu, y no en lo que percibimos que logramos por medio de las obras de nuestra carne.

> *¡Qué profundas son las riquezas de Dios, y su sabiduría y entendimiento! Nadie puede explicar sus decisiones, ni llegar a comprender sus caminos.*
>
> Romanos 11:33

Por desgracia, muchos de los que se pasan su tiempo preocupándose por la suciedad se pierden la presencia del inestimable tesoro de Dios de nacer de nuevo en su interior. Lamentablemente, confunde esa "vida interior en Cristo" con la versión "santificada" de su vasija de barro, en otras palabras, con las buena obras y acciones de su vida natural egoísta.

Adán y Cristo

Perla de verdad #2: *El hombre espiritual nacido de nuevo es una creación divina que tiene sus raíces en Cristo, el Espíritu vivificante.*

Del mismo modo que nacer hace realidad una vida

totalmente nueva en la carne, nacer de nuevo da lugar a una vida completamente nueva en el espíritu. Nacer de nuevo no es una transformación sobrenatural del hombre natural según Adán. Es la creación divina o regeneración del vida-espíritu de Cristo en el creyente. Por lo tanto, el hombre nacido de nuevo no es un ser carnal como los hijos de Adán, a pesar de que reside en una casa de carne. Él es un ser espiritual, al igual que el Espíritu vivificante que lo dio a luz. Su origen es celestial, no terrenal.

> *Así dice la Escritura: "El primer hombre, Adán, se convirtió en un ser viviente"; <u>pero el último Adán se convirtió en espíritu que da vida</u>. ⁴⁶Sin embargo, lo espiritual no es primero, sino lo material; después lo espiritual. ⁴⁷<u>El primer hombre, hecho de tierra, era de la tierra; el segundo hombre es del cielo</u>. ⁴⁸<u>Los cuerpos de la tierra son como aquel hombre hecho de tierra; y los del cielo son como aquel que es del cielo</u>. ⁴⁹Así como nos parecemos al hombre hecho de tierra, <u>así también nos pareceremos a aquel que es del cielo.</u>"*

> 1 Corintios 15:45-49

El pasaje de las escrituras anterior es muy interesante ya que pone en primer plano a las dos cabezas de dos estados existenciales, a saber, Adán y Cristo. Uno opera en la carne, el otro, en el espíritu. Adán representa el estado de la existencia de cada persona que nace en este mundo; Cristo representa el estado de existencia de cada creyente nacido de nuevo en el reino de los cielos, el mundo por venir. Adán es el padre de cada alma viviente; Cristo es el Padre de cada espíritu viviente.

Así como Adán se originó a partir de la tierra, así es todo aquel que es nacido de él. Así como Cristo se originó en el cielo, así es todo aquel que ha nacido de nuevo de Él. La verdadera ciudadanía de cada creyente nacido de nuevo está en el cielo, y no en el país de su nacimiento natural. La Palabra de Dios confirma esa verdad con toda claridad: *En cambio, nosotros somos ciudadanos del cielo, y estamos esperando que del cielo venga el Salvador, el Señor Jesucristo* (Filipenses 3:20).

Nacer de nuevo no consiste en una transformación sobrenatural de Adán, el hombre natural.

A imagen de Cristo

Sin embargo, la verdad más fascinante en el pasaje de la Biblia anterior es la siguiente: del mismo modo que llevamos la imagen de Adán en nuestra carne pecaminosa, así llevamos la imagen de Cristo en su vida-espíritu recto dentro de nosotros. El hombre espiritual nacido de nuevo es creado a semejanza de Dios (Efesios 4:24) y a imagen de Jesucristo (1 Corintios 15:49; Colosenses 3:10), quien es también la expresión exacta del Padre celestial (Hebreos 1: 3).

Pablo también reveló que aquellos que nacen otra vez son obra de Dios: *es Dios quien nos ha hecho; él nos ha creado <u>en Cristo Jesús</u> para que hagamos buenas obras* (Efesios 2:10), y que Dios predeterminó que iban a ser conformados a la imagen de Su Hijo, quien iba a ser el primer modelo de lo que iban a ser. La Biblia dice que *a los que de antemano Dios había conocido, los destinó desde un principio a ser como su Hijo, para que su Hijo fuera el primero entre muchos hermanos* (Romanos 8:29).

Sin lugar a dudas, el hombre nacido de nuevo es un espíritu divino por haber nacido de nuevo del Espíritu Divino-Dios (Juan 1:12, 13). Lo que es nacido de Dios no puede ser carne, porque Dios no es carne, sino Espíritu (Juan 4:24). Por otra parte, la ley creativa inmutable de Dios dice que cada simiente debe producir según su género (Génesis 1:11, 12, 21, 24, 25). Esa nueva criatura en Cristo ha participado de la naturaleza divina y debe creer, pensar y vivir según la influencia de esa verdad misteriosa.

> *<u>Dios, por su poder, nos ha concedido todo lo que necesitamos para la vida y la devoción</u>, al hacernos conocer a aquel que nos llamó por su propia grandeza y sus obras maravillosas. ⁴Por medio de estas cosas nos ha dado sus promesas, que son muy grandes y de mucho valor, <u>para que por ellas lleguen ustedes a</u>*

> *tener parte en la naturaleza de Dios y escapen de la corrupción que los malos deseos han traído al mundo.*
>
> 2 Pedro 1:3, 4

Dios les ha dado a Sus hijos nacidos de nuevo todo lo que necesitan para la vida eterna y santidad en Jesús. Es la vida de Jesús que reside en su hombre interior. Cada vez que realmente crean y vivan las grandes y preciosas promesas de Dios, el poder de la naturaleza divina de Cristo será evidente en ellos. La Biblia también dice que todas las promesas de Dios son "sí" y "Amén" (finales) en Jesucristo (2 Corintios 1:20). Por lo tanto, si alguno está en Cristo, su verdadera naturaleza es espíritu y divina, *porque nosotros somos en este mundo tal como es Jesucristo* (1 Juan 4:17).

Por lo tanto, es de vital importancia que el creyente nacido de nuevo se vea a sí mismo como Dios lo ve en Cristo (no Adán), y no como lo que ve o piensa acerca de sí mismo basado en sus percepciones humanas. Pablo dio muy buenos consejos con respecto a eso:

> *Y Cristo murió por todos, para que los que viven ya no vivan para sí mismos, sino para él, que murió y resucitó por ellos. [16]Por eso nosotros ya no pensamos de nadie según los criterios de este mundo; y aunque antes pensábamos de Cristo según tales criterios,*

ahora ya no pensamos así de él.

2 Corintios 5:15, 16

Cada creyente nacido de nuevo necesita experimentar el *"ya no"* en ese texto. Él debe vivir en el pleno reconocimiento de su existencia espiritual en Cristo, no por lo que piensa o siente acerca de la persona en el espejo. Ya no es su ser según Adán quien vive o controla sus pensamientos y vida, sino que es Cristo quien vive en y por medio de él (Gálatas 2:20). En la mente y los ojos de Dios, la vida del Adán natural de cada creyente se considera ya muerta, y su vida real está escondida con Cristo en Dios (Colosenses 3:3). Esa no es una perspectiva de existencia del alma o de la carne, sino una que es totalmente espíritu, porque *cuando alguien se une al Señor, se hace espiritualmente uno con él* (1 Corintios 6:17).

*Cada creyente nacido de nuevo necesita experimentar y vivir el **"ahora"** en 2 Cor. 5:16*

Dios se llama a sí mismo el Padre de los espíritus, en contraste con los padres de nuestra existencia carnal (Hebreos 12:9, 10). Es la vida-espíritu del nacido de nuevo lo que verdaderamente nos identifica como hijos de Dios (Romanos 8:9), y constituye el único punto de contacto a través del cual fluye toda Su bendición hacia nosotros. Es el Espíritu de Dios que da testimonio continuo con nuestros espíritus, confirmando que ciertamente somos Sus hijos legítimos (Romanos 8:16).

Nacido de nuevo incorruptible

Perla de verdad #3: *La vida del que nace de nuevo no solo está libre de pecado. También es a prueba de pecado.*

Pues ustedes han vuelto a nacer, y esta vez no de padres humanos y mortales, sino de la palabra de Dios, que es viva y permanente.

1 Pedro 1:23

Es muy importante observar que la simiente que le da la vida nacida de nuevo al creyente es incorruptible. Eso significa que no hay absolutamente nada en esa simiente que sea capaz de producir decadencia o muerte. El único elemento en esta tierra que produce muerte y decadencia es el pecado (Romanos 5:12), el elemento que encarna la corrupción en la descendencia de Adán.

Esa simiente incorruptible, de la cual habla Pedro en el texto anterior, no es otra cosa que la vida del espíritu (1 Corintios 15:45) del Hijo de Dios sin pecado que "procreó" al hombre interior en el espíritu del creyente. Por otra parte, debido a que el último Adán, Jesucristo, es un Espíritu que da vida sin pecado (1 Corintios 15:45), las semillas producidas por Él son no solo espíritu, sino sin pecado también. Así como el Espíritu Santo depositó la vida simiente de Jesús sin pecado en el seno de la Virgen María (Lucas 1:31-35)–quien, por cierto, comparte la naturaleza pecaminosa de Adán con el resto de la humanidad–así también deposita la simiente-vida resucitada (incorruptible) del Salvador en el alma pecadora de cada creyente. La Biblia claramente expone que

> *Así pues, todo el que permanece unido a él, no sigue pecando; pero todo el que peca, no lo ha visto ni lo ha conocido ⁷Hijitos míos, que nadie los engañe: el que practica la justicia es justo, como él es justo; ⁸pero el que practica el pecado es del diablo; porque el diablo peca desde el principio. Precisamente para esto ha venido el Hijo de Dios: para deshacer lo hecho por el diablo. ⁹**Ninguno que sea hijo de Dios practica el pecado, porque tiene en sí mismo el germen de la vida de Dios**; y **no puede seguir pecando**, porque **es hijo de Dios**. ¹⁰Se sabe quiénes son hijos de Dios y quiénes son hijos del diablo, porque cualquiera que no hace el bien o no ama a su hermano, no es de Dios.*

1 Juan 3:6-10 (énfasis añadido)

Los versículos anteriores retratan claramente los estilos de vida divergentes de las dos clases de personas que andan por la tierra. Por un lado, tenemos a los que son del diablo, nacidos en pecado y formados en la iniquidad (Salmo 51:5); por el otro, los que son de Dios, nacidos de nuevo en justicia y verdadera santidad (Efesios 4:24). Adán vendió todos sus descendientes a una vida de esclavitud al pecado; Cristo vino para librar a los hijos de Adán mediante la destrucción de las obras del maligno (el pecado) en sus vidas.

Además, el texto bíblico confirma que todos los que son nacidos de Dios, es decir, nacen de nuevo por la fe en Jesucristo, no viven una vida de pecado, porque la vida nacida de nuevo contiene la simiente incorruptible de Dios que no puede pecar. Cada vez que el creyente se centra y se rige por esa simiente-vida interior de Dios, no puede pecar porque ***todo*** *el que permanece unido a él, no sigue pecando* (1 Juan 3:6).

El pecado es siempre un producto del hombre, Adán, o la vida natural. NUNCA es obra del hombre espiritual interior. El pecado SIEMPRE se enfoca en sí mismo, auto-preservándose o beneficiándose a sí mismo, pero NUNCA, NUNCA se centra en Cristo. Esa simiente-vida incorruptible de Cristo en el creyente no solo es sin pecado, sino también a prueba de pecado. La Biblia dice que **no puede pecar**. El maligno no puede ni siquiera tocarla porque es nacida de Dios y el Hijo de Dios la guarda (1 Juan 5:18; 1 Pedro 1:5). Esa es la vida que está escondida en Cristo, en Dios: todo espíritu, nada carne (Colosenses 3:3).

Por medio de la fe en lo que Cristo hizo y en lo que Dios dice, el creyente debe tomar posesión de la verdad de que su vida real (espíritu-vida incorruptible) está fuera del alcance de satanás y del pecado. Cada vez que el hijo de

Dios se sale de su espacio protegido en Cristo por medio de la incredulidad o debido a alguna amenaza percibida o ventaja para su propio Adán, le abre la puerta a Satanás y al pecado. Ese escenario representa el condicional **"si"** en 1 Juan 1:8. Aparte de eso, es totalmente imposible que esa vida obediente a Cristo peque e igualmente improbable que la vida natural, centrada en Adán, NO deje de pecar.

Eso es, sin duda, muy contrario a los sistemas de creencias de muchos que profesan el cristianismo, quienes toda su vida han tratado en vano de servir a Dios a través de la plataforma de su vida-alma según Adán. Ellos entienden mal y tergiversan 1 Juan 3:9 porque ven e interpretan ese pasaje a través del filtro de su alma vacilante (carne). Muchos creyentes aún se llaman pecadores, ya que continúan identificándose de acuerdo a las experiencias de la vida-alma, mientras que, a la vez, afirman que han nacido de nuevo de la simiente incorruptible del Espíritu de Cristo.

El pecado SIEMPRE se enfoca en sí mismo, auto-preservándose o beneficiándose a sí mismo, pero NUNCA, NUNCA se centra en Cristo.

¡Qué condición tan confusa y triste en la cual vivir la experiencia como un seguidor profeso de Cristo! Así que muchos de los hijos de Dios van por la vida tratando de convencer a los demás de que se conviertan en cristianos, mientras ellos mismos viven sin ninguna garantía real de la plena salvación y liberación del pecado. Siguen luchando diariamente con su defectuoso Adán, con la esperanza de llegar a ser justificados cuando Jesús regrese.

La justificación es una cualidad del espíritu-vida (de Cristo); NUNCA la obra de carne (de Adán). Solo existe en el interior del espíritu del creyente Cristo-hombre; NUNCA en el hombre-Adán de su alma carnal. Algunos podrían decir que están seguros de que "'nosotros' NUNCA podremos dejar de pecar en este lado de la eternidad". Estos podrían, incluso, citar 1 Juan 1:8-10 como apoyo bíblico para su postura. Bueno, examinemos ese pasaje y veamos lo que realmente quiere decir.

> *Si dijéremos que no tenemos pecado, nos engañamos á nosotros mismos, y no hay verdad en nosotros. [9]Si confesamos nuestros pecados, él es fiel y justo para que nos perdone nuestros pecados, y nos limpie de toda maldad. [10]Si dijéremos que no hemos pecado, lo hacemos á él mentiroso, y su palabra no está en nosotros.*

1 Juan 1:8-10, RVA

En primer lugar, hay que entender la referencia al "nosotros" colectivo en la declaración del apóstol Juan en ese texto. ¿Está hablando del "nosotros" como hombre-alma de nuestra vida como Adán, o a "nosotros" como en el hombre espiritual interior de nuestra vida en Cristo? Creo que la referencia de Juan al "nosotros" en la escritura anterior es muy similar a la del "Yo" de Pablo en Romanos 7:14-

NACER DE NUEVO: ENTENDIENDO EL NUEVO "YO"

25, cuando habla de su lucha con su naturaleza pecaminosa antes del encuentro que transformó su vida en Cristo.

El "nosotros" de 1 Juan 1:8-10 y el "yo" de Romanos 7 se refieren al yo que es impulsado por el poder de la vida natural o carnal. Esa vida no puede reclamar la "impecabilidad" en un momento dado, puesto que nació en pecado y fue formada en iniquidad (Salmo 51:5). Es y siempre será, pecaminosa. Es solo en ese contexto, *si dijéremos que no tenemos pecado, nos engañamos a nosotros mismos, y no hay verdad en nosotros. . . ¹⁰Si dijéremos que no hemos pecado, lo hacemos a él mentiroso, y su palabra no está en nosotros* (Juan 1:8, 10, RVA).

Sin embargo, cuando el hijo de Dios descubre su verdadera identidad enfocando su atención en la realidad del Cristo-hombre dentro de él, es facultado por medio de la gracia, de la unión del espíritu de Cristo y el suyo, para ganar dominio sobre el poder del pecado en su alma. Ahí es donde el apóstol Pablo encontró la respuesta a su dilema carnal y gritó: *"Solamente Dios, a quien doy gracias por medio de nuestro Señor Jesucristo"* (Romanos 7:25). Luego, inmediatamente, añadió:

La justificación es una cualidad de la vida según el espíritu; NUNCA de las obras de la carne.

> *Ahora, pues, <u>ninguna condenación</u> hay <u>para los que están en Cristo Jesús</u>, los que no andan conforme a la carne, mas conforme al espíritu. ²Porque <u>la ley del Espíritu de vida</u>*

en Cristo Jesús me ha librado de la ley del pecado y de la muerte [en Adán].

Romanos 8:1-2, RVA (corchetes añadidos)

La vida del creyente en Cristo, no en Adán es una vida en el espíritu que disfruta de una justificación plena y completa ante Dios. Por lo tanto, él no vive con la amenaza del juicio que pende sobre su cabeza, sino que lleva a cabo su vida en libertad como hijo de Dios y coheredero con Jesucristo de la herencia eterna en el reino del Padre (Romanos 8:15-17).

La Biblia dice que la ley (o principio) del Espíritu de vida en Cristo Jesús lo ha hecho completamente libre de la ley (o principio) del pecado y de la muerte que existe en su naturaleza como Adán. En otras palabras, ese creyente "interior dirigido por el espíritu" ya no está impulsado por el poder (o ley) de su naturaleza pecaminosa, sino por el poder de una vida sin pecado, indestructible—la de Cristo-Jesús—que mora en su espíritu. Es el poder de la vida de Cristo, operando dentro de él, lo que lo libera completamente del poder y las consecuencias del pecado.

Cristo no es solo la solución para nuestros pecados, según lo refleja 1 Juan 1:9, es, también, la solución para nuestras vidas pecaminosas, según lo refleja Romanos 7. Por medio de Su muerte en la cruz, Cristo nos libera completamente de la ley del pecado y de la muerte que nos une en matrimonio a la naturaleza pecaminosa de Adán; y por su resurrección victoriosa, Él nos casó consigo mismo y con su indestructible vida sin pecado. Esa es la verdad claramente expresada en Romanos 7:1-6 y Colosenses 2:11-13 (por favor, saque tiempo para estudiar esos pasajes).

Además, también hay que recordar que el Juan que dijo: *"Si afirmamos que no tenemos pecado, nos engañamos a nosotros mismos y no tenemos la verdad"* (1 Juan 1: 8), es también Juan el que dijo más tarde: *"Ninguno que haya nacido de Dios practica el pecado, porque la semilla de Dios permanece en él; no puede practicar el pecado, porque ha nacido de Dios." (NBD)*

¿Es esta una contradicción del pensamiento o una confusión teológica por parte de Juan? ¡Absolutamente no! Lo que es nacido de Dios no es el hombre natural según el Adán caído, sino el hombre espiritual interior de Cristo en el creyente. Ese hombre natural que hemos heredado de Adán siempre será pecador, porque nació de una semilla de la corrupción. NADA en lo absoluto se puede hacer para cambiar esa realidad. El hombre espiritual interior de nuestra naturaleza en Cristo estará siempre libre de pecado, porque nació de la semilla incorruptible y absolutamente NADA se puede hacer para cambiar esa realidad.

Eso es todo lo que nacer de nuevo realmente es. Se trata de la vida de Dios instalándose en la vida natural del hombre caído; el reino de la luz entrando en el reino de la oscuridad; el espíritu victorioso invadiendo carne sin esperanza. En esa

Cristo no es solo la solución de nuestros actos de pecados. Es también la solución a nuestra vida de pecado.

realidad, la incorrupción mora en la corrupción, pero "no debe" dominarla. Dije: "no debe" porque la voluntad del creyente es el juez en cuanto a quién va a gobernar su casa— el espíritu o la carne.

Sin embargo, Cristo ya ha atado al hombre fuerte (al diablo) que una vez reinaba en la casa carnal del creyente, y ahora busca la cooperación del creyente para estropear las obras del diablo dentro de su alma (1 Juan 3:8; Mateo 12: 22-29).

En última instancia, entonces, el hijo de Dios debe elegir vivir todos los días su verdadera identidad en Cristo, mientras rechaza todo lo que pertenece al hombre carnal, natural de su Adán (Mateo 16:24). Ese es el sello distintivo de la vida cristiana victoriosa. El creyente nacido de nuevo puede pecar solo cada vez que es controlado por su vida natural de Adán; pero él no puede pecar cada vez que su vida está bajo el control de su vida del espíritu de Cristo. Es totalmente imposible que el hombre-Cristo dentro de su vida-semilla incorruptible peque porque es nacido de Dios (1 Juan 3: 9).

Las victorias diarias sobre el pecado simplemente se convierten en un asunto del creyente de conocer y poner en práctica su andar por el Espíritu, y de no hacer realidad los malos deseos de la carne (Gálatas 5:16). Los capítulos restantes de este libro informan sobre cómo se hace eso.

Resumen de perlas de verdad

1. *El hombre espiritual nacido de nuevo es una creación nueva del cielo; no un ajuste ni una mejora del hombre natural Adán de la tierra.*

2. *El hombre espiritual nacido de nuevo es una creación divina que tiene sus raíces en Cristo, el Espíritu vivificante.*

3. *La vida del que nace de nuevo no solo está libre de pecado. También es a prueba de pecado.*

Notas:

1. Para obtener más detalles sobre la expresión de Pablo "en Cristo", por favor, lea mi libro anterior *Imitando a Dios: El sorprendente secreto de vivir Su vida* (Berrien Springs, Rehoboth Publishing, 2011), 64-70.

2. http://www.todayifoundout.com/index.php/2011/10/caterpillars-melt-almost-completely-before-growing-into-butterflies-in-the-chrysalis/#UXr2FrCTWITZE3ZT.99

La actitud de ustedes debe ser como la de Cristo Jesús.

Filipenses 2:5, NBD

Capítulo 5
NACER DE NUEVO:
RENOVANDO MI MANERA DE PENSAR

La Biblia enseña claramente que hay diferencias irreconciliables entre la mente del hombre espiritual interior del creyente y la de su hombre natural o alma. En esta realidad, la mente del hombre espiritual nacido de nuevo es real y verdaderamente la mente justa de Cristo; mientras que la mente de la vida del alma del creyente es realmente la mente pecaminosa, corrupta de Adán. Esa es la mente que la Palabra de Dios describe como vana, oscura y separada de la vida de Dios.

> *Esto pues digo, y requiero en el Señor, que no andéis más como los otros Gentiles, que andan <u>en la vanidad de su sentido</u>. [18]Teniendo el entendimiento entenebrecido: <u>ajenos de la vida de Dios por la ignorancia que en ellos hay</u> por <u>la dureza de su corazón</u>. [19]Los cuales después que <u>perdieron el sentido de la conciencia</u>, se entregaron á la desvergüenza para cometer con avidez toda suerte de impureza.*
>
> Efesios 4:17-19, RVA

Ese pasaje da una imagen muy clara de la mente que caracteriza a cada hijo de Adán. Es una mente que está centrada en sí mismo e impulsada por sí misma, y funciona totalmente con inteligencia natural y razón humana. Se guía por una realidad que está conformada por la percepción humana de la realidad. A través del pecado, el espíritu de Adán, que fue diseñado para la comunión directa con Dios, se separó de la vida de Dios, el Espíritu de la luz y el amor (1 Juan 1:5; 4:8).

Ese alejamiento de Dios dejó a Adán y a sus descendientes en un mundo interior y exterior de oscuridad impenetrable. Al estar despojado de la luz y la sabiduría que vinieron a través de su relación directa con su Creador, el corazón y la mente de Adán se convirtieron en el bastión de los demonios de la oscuridad y el engaño. Es ese terrible legado de oscuridad profunda el que se cierne como una sombra de muerte sobre la gente de este tiempo (Isaías 60: 2), conduciendo a los hijos de Adán a todo tipo de excesos inmorales y lujuriosos, sin vergüenza y sin ningún tipo de remordimiento (Efesios 4:19).

La misericordia de Dios

Porque Dios, que ordenó que la luz resplandeciera en las tinieblas, [a] hizo brillar su luz en nuestro corazón para que conociéramos la gloria de Dios que resplandece en el rostro de Cristo. [7]Pero

> *tenemos este tesoro en vasijas de barro para que se vea que tan sublime poder viene de Dios y no de nosotros.*
>
> 2 Corintios 4:6-7, NBD

En su infinita misericordia, Dios resplandeció Su luz de vida y amor en nuestra oscuridad cuando, por medio de su Espíritu eterno, depositó la semilla incorruptible de la gloriosa luz del mundo dentro de nuestros corazones. Esa luz es la vida espiritual de Jesús nacida de nuevo dentro del creyente. Observe que el versículo 7 del pasaje dice que la luz atesorada de vida de Dios está dentro de la vasija de barro de nuestra alma de hombre según Adán. Un hijo de Dios nunca debe olvidar esa verdad pues es la única fuente de poder de su vida de victoria sobre el mundo y el pecado. La mente del creyente que ha nacido de nuevo es impulsada por el poder de Dios dentro de su espíritu, no por el poder de la razón humana que sale de su alma carnal.

Por lo tanto, Pablo les recuerda a los efesios nacidos de nuevo: *"Ustedes antes vivían en la oscuridad, pero ahora, por estar unidos al Señor, viven en la luz. Pórtense como quienes pertenecen a la luz"* (Efesios 5:8). En otras palabras, no vivan de acuerdo a los dictados de la mente naturalmente vana y oscura, como hace la gente de barro que no se ha convertido. En su lugar, les sugiere lo siguiente:

> *Pero ustedes no conocieron a Cristo para*

vivir así, ²¹pues ciertamente oyeron el mensaje acerca de él y aprendieron a vivir como él lo quiere, según la verdad que está en Jesús. ²²Por eso, deben ustedes renunciar a su antigua manera de vivir y despojarse de lo que antes eran, ya que todo eso se ha corrompido, a causa de los deseos engañosos. ²³<u>Deben renovarse</u> espiritualmente en su manera de juzgar, ²⁴<u>y revestirse de la nueva naturaleza, creada a imagen de Dios y que se distingue por una vida recta y pura, basada en la verdad</u>.

Efesios 4:20-24

El texto anterior da a entender que en realidad solo hay dos maneras de pensar a disposición de toda la humanidad: como Adán o como Cristo. De forma predeterminada, naturalmente, pensamos como Adán, usando la razón y nuestra percepción de la realidad. Eso solo le ofrece una dirección centrada en sí misma a la vida; una que no conduce a ninguna parte, sino a la destrucción eterna. Proverbios 16:25 dice que *[h]ay caminos que parecen derechos, pero al final de ellos está la muerte*.

Sin embargo, cuando una persona nace de nuevo, se le da la mente de Cristo, lo que le otorga la capacidad de pensar como su Salvador, apoyándose en la sabiduría y dirección de Dios: Por lo tanto, respondiendo Jesús, les decía:

"Les aseguro que el Hijo de Dios no puede hacer nada por su propia cuenta; solamente hace lo que ve hacer al Padre. Todo lo que hace el Padre, también lo hace el Hijo" (Juan 5:19). Ese modo de pensar le ofrece a la vida una dirección centrada en Dios; una vida que opera mediante *cada palabra de Dios* (Juan 4:4).

Por lo tanto, Pablo podría haberles dado instrucciones a los efesios sobre que debían ser renovados en el espíritu de sus mentes, viviendo de la manera que habían aprendido de Cristo y que habían sido enseñados en Él (Efesios 4:20, 23 más arriba). El espíritu que controla la mente del viejo hombre según Adán es el espíritu de engaño y mentira (Efesios 4:18; Jeremías 17:9); pero el espíritu que dirige la mente del hombre interior renacido es el Espíritu de Cristo (Romanos 8:9, 16).

La verdadera perspectiva de la realidad no reside en la humanidad caída. Él es gobernado por un espíritu de desobediencia (Efesios 2: 2-3) y presunción que distorsiona la verdad. Por otro lado, la Biblia confirma que la verdad existe solo en Jesús y Su Palabra (Efesios 4:21; Juan 14:6; 17:17).

> *La verdadera perspectiva de la realidad no se encuentra en la humanidad caída.*

Solo la mente divina que se le imparte al creyente por medio de la semilla incorruptible de su vida espiritual interior es capaz de aprehender y transmitirle la verdad a la vida. Por lo tanto, la sabiduría aconseja:

Confía de todo corazón en el Señor y <u>no en</u>

<u>tu propia inteligencia</u>. ⁶Ten presente al Señor, <u>en todo lo que hagas</u> y él te llevará por el camino recto. ⁷<u>No te creas demasiado sabio</u>; honra al SEÑOR y apártate del mal...

Proverbios 3:5-7

Perla de verdad #1: *La mente del hombre espiritual interior piensa y opera independiente y contrariamente a la mente del hombre de alma natural.*

Fuerzas opuestas

Porque los malos deseos están en contra <u>del Espíritu</u>, y el Espíritu está en contra de los malos deseos. <u>El uno está en contra de los otros</u>, y por eso ustedes no pueden hacer lo que quisieran.

Gálatas 5:17

La vida nacida de nuevo del hijo de Dios habita en una tienda terrenal que se vendió al diablo desde el principio del tiempo. Esa carpa caracteriza a todo lo referente a la existencia humana o natural "del ser", incluyendo las emociones, el pensamiento y el comportamiento: todo lo relacionado con lo carnal. El reino de la luz en el espíritu del creyente ha invadido al reino de la oscuridad de su alma carnal, que se rebela contra todas las obras del diablo, haciendo que la luz de Dios, la vida de Jesús resplandezca en la oscuridad: el cuerpo carnal del creyente.

La mente del Espíritu de Cristo dentro del creyente está en constante conflicto con su mente carnal según Adán. Estas dos nunca pueden armonizar, porque se originan a partir de dos naturalezas opuestas: una de la luz justa y poco accesible (1 Timoteo 6:15-16), y la otra, de la maldad y la oscuridad impenetrable. Siempre están en continuo conflicto, tratando de controlar la voluntad (o la toma de decisiones) del creyente. El espíritu de la lujuria que surge de la vieja naturaleza de Adán del creyente lo puede tentar a robar, mentir, engañar o violar algún código moral de conducta, pero el Espíritu de Cristo, que opera a través de la voz de la conciencia, contenderá activamente contra esos deseos carnales.

Como joven cristiano, recuerdo pasar muchos momentos de insomnio tratando de resolver la batalla entre mi propia carne y mi conciencia impulsada por el Espíritu. Cada vez que trataba de encontrar una excusa para cometer el pecado, o para convencerme a mí mismo (en realidad, para hacerme fingir) de que mi plan previsto estaba bien, mi conciencia sacudida siempre se interponía en el camino. Lo bueno, pero frustrante, era que no podía silenciar ni ahogar la voz de mi conciencia, sin importar cuánto lo intentara. Cada excusa encontraba una refutación clara. ¿Cuántos de nosotros hemos estado en esa situación y hecho eso?

Ahora entiendo que la mente espiritual y mi mente

natural (carne) operan independientemente una de la otra y, a través de la acción de mi voluntad, puedo decidir cuál de estas dos fuerzas regirá la elección que finalmente haré. Esa es la semilla de la enemistad que mi amante Padre celestial plantó en mí para resistir el flujo libre del mal satánico en mi vida. Todo lo que tengo que hacer es alimentar la semilla espiritual continuamente por medio del testimonio del Espíritu Santo y la Palabra eterna de Dios. Nuestro Padre celestial utiliza ambos instrumentos: la Palabra y Su Espíritu, para renovar y transformar nuestra voluntad debilitada por el pecado, por lo cual es más susceptible de ceder ante la influencia de la mente de Cristo en lugar de la mente de Adán dentro de nosotros.

Metodología

Hay muy claras distinciones entre los modos de operar de la mente del hombre espiritual interior del creyente y el de su hombre natural. El apóstol Pablo le prestó atención adecuadamente a ese asunto en su carta a los cristianos en Corintio.

> *¿Quién entre los hombres puede saber lo que hay en el corazón del hombre, <u>sino solo el espíritu</u> que está dentro <u>del hombre</u>? De la misma manera, solamente el Espíritu de Dios sabe lo que hay en Dios. ¹²Y nosotros no hemos recibido <u>el espíritu del mundo</u>, sino <u>el Espíritu que viene de Dios</u>, para que entendamos las*

cosas que Dios en su bondad nos ha dado. ¹³Hablamos de estas cosas <u>con palabras que el Espíritu de Dios nos ha enseñado, y no con palabras que hayamos aprendido por nuestra propia sabiduría. Así explicamos las cosas espirituales con términos espirituales.</u> ¹⁴<u>El que no es espiritual no acepta las cosas que son del Espíritu de Dios</u>, porque para él son tonterías. <u>Y tampoco las puede entender, porque son cosas que tienen que juzgarse espiritualmente.</u> ¹⁵Pero <u>aquel que tiene el Espíritu puede juzgar todas las cosas</u>, y nadie lo puede juzgar a él.

1 Corintios 2:11-15

Parece que hay cinco elementos que surgen del pasaje anterior que indican distintos niveles de funcionamiento entre la mente del hombre natural y la del hombre espiritual nacido de nuevo.

1. *Nivel de percepción* (2:11). La mente carnal del individuo nacido de nuevo puede percibir y entender únicamente pensamientos e ideas acerca de lo que es del reino natural. La mente de la persona que ha nacido de nuevo por el Espíritu puede percibir y aprehender los pensamientos de Dios, en una dimensión desconocida para los

hijos de Adán. Es una transmisión total de espíritu a espíritu (Romanos 8:16) así como lo Profundo se comunica con lo profundo (Salmo 42:7).

2. *Nivel de motivación (2:12)*. La mente del hombre nacido naturalmente es motivada por el espíritu del mundo, que es un espíritu de orgullo, lujuria y desobediencia que lo impulsa a vivir en rebelión contra Dios (1 Juan 2:15-17; Efesios 2:2; Santiago 4:4). La mente del creyente nacido de nuevo es motivada por el Espíritu de Dios que lo impulsa a vivir en obediencia a Dios.

3. *Nivel de funcionamiento (2:13)*. La mente de la persona no regenerada funciona sobre la base de la lógica humana; compara la percepción natural y la experiencia humana con la razón humana. Por otro lado, la mente del hombre espiritual funciona mediante la combinación de pensamientos e impresiones, recibidas del Espíritu Santo, con la Palabra Espiritual de Dios.

4. *Nivel de receptividad (2:14)*. La mente natural no puede recibir las cosas del Espíritu de Dios, ya que está controlada por los poderes de la oscuridad. Las cosas espirituales les parecen tontas al individuo nacido naturalmente, ya que existen y operan fuera del ámbito de la lógica humana. Solo la persona que ha nacido de nuevo del Espíritu puede aceptarlas e identificarse con ellas.

5. *Nivel de apreciación* (2:15). Esta es una continuación del versículo 14. El hombre carnal (nacido naturalmente) solo puede evaluar las cosas que pertenecen al reino natural o terrenal; pero el que es espiritual (nacido de nuevo del Espíritu) puede evaluar todas las cosas: de origen natural y espiritual.

La mente de Cristo

¿QUIÉN CONOCE LA MENTE DEL SEÑOR? ¿QUIÉN PODRÁ INSTRUIRLE? Sin embargo, nosotros tenemos la mente de Cristo.

1 Corintios 2:16

En el versículo 11 de 1 Corintios 2, Pablo presenta la pregunta: *"¿Quién entre los hombres puede saber lo que hay en el corazón del hombre, sino solo el espíritu que está dentro del hombre?"* En el último versículo del capítulo (2:16), sin embargo, concluye con las preguntas finales: *"¿QUIÉN CONOCE LA MENTE DEL SEÑOR? ¿QUIÉN PODRÁ INSTRUIRLE?"* En medio de esas preguntas mostró las operaciones divergentes entre la mente del hombre natural y la mente del hombre espiritual interior.

Al final, se quedó con la inalterable verdad de que los creyentes nacidos de nuevo tienen la mente de Cristo. Eso es así debido a que la incorruptible semilla de vida dentro de todos los creyentes es, en verdad y de hecho, la misma vida de Jesús. Por lo tanto, Pablo podría haber reclamado con mucha confianza, *"y ya no soy yo quien vive, sino que es Cristo quien vive en mí"* (Gálatas 2:20). La triste realidad es que muchos hijos de Dios nacidos de nuevo viven con una desconexión espiritual / mental, porque están fuera de contacto con la realidad de la vida de Cristo en su hombre espiritual interior. Por lo tanto, operan predominantemente, si no totalmente, según la mente de Adán. Esos, en realidad, no creen que ya tienen la mente de Cristo.

Además de la consternación se encuentra la impotencia que caracteriza la experiencia religiosa de estos hijos incautos de Dios. La Biblia confirma que así como un hombre piensa en su corazón, tal es él (Proverbios 23:7), y de su corazón brota el manantial de su vida (Proverbios 4:23). Pensar como Adán atrae a todas las fuerzas negativas que actúan en contra de la vida humana. Pensar como Cristo produce el poder y la autoridad capaz de superar todas las huestes del mal y la adversidad en el planeta, porque mayor es el que está en nosotros que cualquiera en el mundo (1 Juan 4: 4).

> *El creyente nacido de nuevo posee la mente de Cristo.*

Por lo tanto, la Palabra de Dios nos amonesta: *Haya, pues, en vosotros este sentir que hubo también en Cristo Jesús* (Filipenses 2:5, RVA). Fíjese en que el texto no dice que debemos poseer la mente (pensamientos, actitudes, etc.) de Cristo. ¡NO! Por el contrario, el texto asume la presencia de la mente de Cristo en el creyente y convoca a los creyentes a reconocerlo y a someterse! ¡Simplemente, deje que se manifieste (la mente de Cristo)! ¡No pelee contra ella! ¡Nútrala! ¡Apóyela! Eso exige poner mi forma de pensar a un lado, de modo que lo que Cristo piensa, según se refleja por medio del Espíritu y la Palabra, se convierta en el motor de mis palabras y acciones.

Penetrando

La perpicaz pregunta que puede estar girando alrededor en su mente en este momento es ¿cómo penetra la mente de Cristo dentro de uno mismo, sin confundir sus pensamientos e ideas con las de la mente natural de uno? La infalible Palabra de Dios es el único juez de lo que se origina en la mente de Cristo (espíritu), y lo que viene de la mente de Adán (alma). He aquí lo que la inspiración divina dice:

> *Porque la palabra de Dios tiene vida y poder. Es más cortante que cualquier espada de dos filos, y penetra hasta lo más profundo del alma y del espíritu hasta lo más íntimo de la persona; y somete a juicio los pensamientos y las intenciones del corazón.*

Hebreos 4:12

La palabra de Dios por sí misma posee el poder para

discernir claramente y separar lo que surge del espíritu de una persona de lo que se origina en su alma o mente natural.

En consecuencia, si el creyente no está capacitado con un conocimiento práctico de la Palabra de Dios, va a ser muy vulnerable a todas las formas de engaño satánico, a través de las manifestaciones físicas y / o la confusión mental y emocional. Muy a menudo, uno se podría encontrar con creyentes que dirían que el Espíritu les dijo "esto y lo otro". Cuando se les pregunta cómo es que saben eso con certeza, la respuesta con frecuencia dada es: "bueno, lo siento en lo profundo de mi espíritu".

> *La mente humana, independientemente de cuán brillante sea, inherentemente es defectuosa y totalmente incapaz de juzgar sus pensamientos e intenciones.*

Sin embargo, los sentimientos no son el instrumento divino para probar y validar la verdad. La Palabra de Dios es el único. *Tu palabra es la verdad* (Juan 17:17). Cada pensamiento, sentimiento, presentimiento o idea intuitiva deben caer bajo su estricto impecable escrutinio. La Biblia dice que hay que probar todo espíritu para ver si es de Dios o, más bien, si se origina en la mente de Cristo, pues hay muchos falsos profetas (predicadores y maestros) en el mundo que están operando bajo la influencia de espíritus mentirosos.

> *La palabra de Dios es el único instrumento divino para probar y validar la verdad.*

Queridos hermanos, no crean ustedes a todos los que dicen estar inspirados por Dios, sino pónganlos a prueba, a ver si el espíritu que hay en ellos es de Dios o no. Porque el mundo está lleno de falsos profetas.

1 Juan 4:1

Deje que la mente de Cristo reine en usted. (Filipenses 2:5) Esa mente es una gobernada solo por cada palabra que sale de la boca de Dios (Mateo 4:4).

Una vez para siempre

Perla de verdad #2: *Nacer de nuevo en el Espíritu es una experiencia que ocurre solo una vez, así como nacer de la carne puede suceder solo una vez.*

Muchos cristianos que malinterpretan lo que significa nacer de nuevo a menudo lo equiparan con ser bautizado. A causa de esto, muchos de los que se han apartado de la fe a menudo buscan volverse a bautizar como un medio para *volver* a nacer de nuevo, *volver* a empezar una nueva vida en Cristo. He conocido a personas que han sido bautizados en varias ocasiones tratando de alcanzar lo que se imaginan como una verdadera experiencia del nuevo nacimiento. Muchos que han sido superados por sus fracasos para lograr ese objetivo se han alejado del cristianismo por completo, mientras que otros todavía tienen la esperanza de encontrar la iglesia "correcta" o el líder espiritual que podría hacerlo realidad para ellos.

Aunque el bautismo es la culminación necesaria y el testimonio externo que marca el lanzamiento "oficial" del andar del creyente con Cristo, no inicia la experiencia del nuevo nacimiento, ni siquiera la confirma. Como cuestión de hecho, algunos individuos son bautizados por muchas otras razones mundanas que no incluyen celebrar la nueva vida en Jesús. Sin embargo, contrariamente a la creencia popular, el bautismo no puede renovar a un individuo ni infundir en él poder para vivir la vida nacida de nuevo.

> *El bautismo no puede renovar a un individuo ni infundir en él poder para vivir la vida nacida de nuevo.*

Bíblicamente hablando, el bautismo hace realidad de la crucifixión, sepultura y resurreccion de Cristo dando testimonio simbólico de la muerte y sepultura de la vida pasada del creyente al pecado, y su resurrección a la vida nacida de nuevo en Jesús. A través de la fe, el creyente experimenta el Calvario y acepta la vida victoriosa, resucitada de Jesús.

> *¿No saben ustedes que, al quedar unidos a Cristo Jesús en el bautismo, quedamos unidos a su muerte? ⁴Pues por el bautismo fuimos sepultados con Cristo, y morimos para ser resucitados y vivir una vida nueva, así como Cristo fue resucitado por el glorioso poder del Padre. ⁵Si nos hemos unido a Cristo*

en una muerte como la suya, también nos uniremos a él en su resurrección. ⁶Sabemos que <u>lo que antes éramos fue crucificado con Cristo</u>, para que el poder de nuestra naturaleza pecadora quedara destruido y ya <u>no siguiéramos</u> siendo <u>esclavos</u> del pecado.

Romanos 6:3-6

Curiosamente, la Biblia continúa diciendo que, una vez resucitado, Cristo no morirá más; Él gustó la muerte una vez por toda la humanidad.

Si nosotros hemos muerto con Cristo, confiamos en que también viviremos con él. ⁹Sabemos que Cristo, habiendo resucitado, <u>no volverá a morir</u>. La muerte ya no tiene poder sobre él. ¹⁰Pues Cristo, al morir, murió de una vez para siempre respecto al pecado; pero al vivir, vive para Dios.

Romanos 6:8-10

En consecuencia, ya que el bautismo del creyente tiene una correlación directa con la crucifixión de Jesucristo, y el Salvador no morirá nunca más y, entonces, que cualquier creyente se bautice varias veces no tienen ningún valor espiritual real en lo absoluto. Pueden ofrecer falsas esperanzas, pero nunca la experiencia real.

Volverse a bautizar no cambia ni arregla lo que Dios ya ha hecho en el espíritu del creyente por medio de su gracia. El problema con los que utilizan el bautismo para arreglar los fallos de creyentes profesos es que ellos no les han enseñado a esos hijos de Dios a identificar y trabajar con la vida espiritual nacida de nuevo. En consecuencia, dirigen sus esfuerzos hacia el hombre equivocado, hacia el que el creyente contempla en el espejo, mientras inadvertidamente descuidan al hombre interior incorruptible de la vida espiritual del creyente.

Volverse a bautizar no cambia ni arregla lo que Dios ya ha hecho en el espíritu del creyente por medio de su gracia.

La respuesta de Dios a la transgresión y al fracaso

Debido a que la confusión de identidad prevalece en todos los círculos cristianos, el diablo se está aprovechando al máximo de los creyentes incautos. Muchos cristianos se atascan en su yo según Adán, porque esa es la identidad que ven y conocen tan bien. Sin embargo, su identidad espiritual en Cristo es una que no pueden ver (pero deben aceptar por fe), y una que ellos totalmente ignoran o que solo empiezan a conocer.

Por lo tanto, la necesidad más urgente de los cristianos que fallan no es volver a bautizar su vida segun Adán, sino un auténtico conocimiento y relación con su incorruptible vida espiritual en Cristo. Necesitan identificar, involucrar y nutrir esa vida como la verdadera realidad de su experiencia total en Cristo. Es un regalo que Dios le da solo UNA VEZ a todo el que cree en Jesucristo. Esto no es una afirmación de la doctrina una vez salvo, siempre salvo; sino que es un asunto muy crítico en una persona que posee, pero que en realidad nunca ha probado el *don celestial* de la vida de Dios dentro de sí misma.

> *Porque a los que una vez recibieron la luz, y saborearon el don de Dios, y tuvieron parte en el Espíritu Santo, ⁵y saborearon el buen mensaje de Dios y el poder del mundo venidero, ⁶si caen de nuevo, ya no se les puede hacer volver a Dios, porque ellos mismos están crucificando otra vez al Hijo de Dios y exponiéndolo a la burla de todos.*

Hebreos 6:4-6

Muchos de los que actualmente siguen el camino cristiano realmente nunca han experimentado la realidad y el poder del don celestial de la vida de Dios en su espíritu. Ellos han vivido toda su vida tratando de complacer a Dios a través de los esfuerzos de su alma carnal, completamente inconscientes de su verdadera identidad espiritual en Cristo, y de la realidad actual del poder del mundo por venir. Existe esa triste condición, en parte o en su totalidad, debido a la sobreexposición a las doctrinas de hombres en lugar de a la *buena palabra de Dios*, el verdadero Evangelio del amor y la gracia de Dios en el don de Jesucristo. La auténtica vida nacida de nuevo todavía sigue siendo una fantasía difícil de alcanzar para un sinnúmero de creyentes, y se considera como una imposibilidad absoluta para muchos otros que, para efectos prácticos, se han rendido por "el Camino".

Sin embargo, la verdad del pasaje anterior se sostiene. Una vez renovado o regenerado por el Espíritu Santo, la vida espiritual nacida de nuevo no puede regenerarse una y otra vez. El Espíritu Santo no se lleva la vida espiritual nacida de nuevo y la da de nuevo una segunda, tercera o incluso cuarta vez por medio del proceso de bautizarse otra vez.

A pesar de los fracasos de una persona carnal según Adán, no puede nacer de nuevo *otra vez* del Espíritu Santo. Por otra parte, los fracasos carnales no invalidan su estatus con Dios, ni la sitúa fuera de la comunión con Cristo. Él sigue siendo un hijo de Dios; al igual que mis hijas siguen siendo mis hijas, a pesar de sus deficiencias. No creo, ni siquiera por un momento, que los padres descarriados puedan jamás ser más amables con sus hijos carnales que lo que es nuestro Padre celestial con Sus hijos espirituales (Mateo 7:11; Hebreos 12: 9).

La unión espiritual que el creyente comparte con Cristo y el Padre no puede ser quebrantada por errores pecaminosos. La gracia de Dios es siempre mayor que sus pecados, y le ofrece esperanza para seguir buscando un mayor alimento espiritual. Es obra del maligno hacer dudar al hijo de Dios de la gracia de su Padre, para que sea vencido por la desesperanza y el miedo con respecto a sus pecados y a la aceptación de su Padre. Por consiguiente, se da por vencido en cuanto a la gracia y a sí mismo, y sigue pecando aún más. Las comunidades cristianas más profesas le fallan a esa víctima del enemigo al elegir el curso mucho más fácil llevando a cabo un juicio rápido contra ella, en lugar de utilizar el espíritu de gracia y compasión para levantar, enseñar y restaurarla.

Los fracasos carnales no invalidan la posición del creyente con Dios, ni lo colocan fuera de la comunión con Cristo.

La gracia es la respuesta de Dios ante todo pecado, independiente de cuán grave sea. Es la gracia, no la ley, la que nos enseña *a vivir una vida de buen juicio, rectitud y piedad* (Tito 2:12). Es la gracia lo que conduce al arrepentimiento y saca a uno de la debacle del pecado. Esa gracia, contrariamente a la creencia popular, es algo más que simplemente favor divino. Es realmente el espíritu de Jesús que opera tanto dentro como a favor del creyente. La Biblia dice que Cristo está *lleno de gracia y de verdad*, realmente, Él es gracia y verdad, y *de su plenitud todos nosotros recibimos, y gracia sobre gracia* (Juan 1:14, 16; RVA).

La gracia es la respuesta de Dios ante TODO pecado, independiente de cuán grave sea.

Las Escrituras, además, explican que *la Ley*, que condena al infractor *fue dada por medio de Moisés, pero la gracia y la verdad nos han llegado por medio de Jesucristo* (Juan 1:17; RVA). Sin embargo, la Gracia, (Jesús) vino, no para destruir la Ley, sino para satisfacer o cumplir su justa demanda por medio de una vida sin pecado y una muerte vicaria (Mateo 5:17). Por medio de la fe en la Gracia de Dios, en realidad Jesucristo, el creyente es completamente justificado o aceptado por Dios. *Cristo no cometió pecado alguno; pero por causa nuestra, Dios lo hizo pecado, para hacernos a nosotros justicia de Dios en Cristo* (2 Corintios 5:21).

Contrario a la lógica de la opinión popular de que la Ley actúa como elemento disuasorio para el pecado, la Biblia dice que *el pecado ejerce su poder por la ley* (1 Corintios 15:56). *La ley se añadió para que aumentara el pecado; pero cuando el pecado aumentó, Dios se mostró aún más bondadoso.* (Romanos 5:20) La verdad es que mientras más leyes se le añadan a cualquier sistema humano, más pecado y corrupción abundará en ese sistema. Por ejemplo, cuando se le añaden nuevas reglas a un juego deportivo, más violaciones se cometen y más jugadores reciben sanciones. Hay muchas más reglas / leyes que los jugadores pueden violar.

La ley despierta toda clase de malos deseos en la naturaleza humana (Romanos 7:8), y las prohibiciones tienen la tendencia a provocar la curiosidad, la investigación y la impulsividad. Una persona entra en una habitación recién pintada y ve un letrero que dice: "Pintura mojada. No toque". Por instinto, como por provocación, la persona toca la pared solo para ver si todavía está húmeda. Lo curioso es que, si no hubiera ninguna señal cerca de la pared, la misma persona ni siquiera se daría cuenta de la pared.

Es simplemente increíble, y muchas veces frustrante, ver cómo decirle a un individuo que no haga algo logra que haga la misma cosa que se le dijo que no hiciera. La gente verá: "Apague su teléfono celular cuando se acerque al cajero" y, sin embargo, continuará su conversación telefónica; "No envíe mensajes de texto mientras conduce" y continuará mandando mensajes de texto. ¿Qué hay en las leyes y normas que impulsan a la gente a romperlas? Es el pecado, el espíritu de la desobediencia y la rebelión demoníaca que reside en la naturaleza humana (Efesios 2:2).

La verdad es que mientras más leyes se le añadan a cualquier sistema humano, más pecado y corrupción abundará en ese sistema.

Afortunadamente, la respuesta de Dios a más pecado es más gracia (Jesús), no más leyes; porque donde abunda el pecado, sobreabunda la gracia (Romanos 5:20). Algunas personas religiosas se sienten incómodas con la idea de mayor gracia para los pecadores, pero no para sí mismos, obviamente. Temen que mayor gracia les proporcionará a los pecadores una excusa para el pecado. No son capaces de ver que la Gracia (Jesús) es la ÚNICA esperanza del pecador y la fuente individual de apoderamiento para resistir y vencer el pecado. Además, a menudo se olvidan de que su propia posición delante de Dios es siempre totalmente una de gracia, y NUNCA una que tenga mérito humano. Ellos reciben continuamente lo que TODOS los pecadores necesitan y aquello de lo que nunca serán dignos. Es por eso que, más bien, Él se llama Gracia; debido a que NADIE realmente lo merece.

ES EL PECADO, NO LA JUSTIFICACIÓN PROPIA, LO QUE ATRAE LA GRACIA DE DIOS. Dios ha sujetado a TODA la humanidad, a los que se han justificado a sí mismos y a lo que no se han justificado, en el pecado y la desobediencia para poder derramar Su gracia y misericordia sobre TODOS (Romanos 11:32). Porque tanto amó Dios al mundo [de los pecadores] que dio a su ÚNICO paquete de gracia, Jesucristo, para redimir a todos los que creen en Él (Juan 3:16). La gracia (Jesús) una vez les dijo a los hipócritas y criticones fariseos: *"Los que están buenos y sanos no necesitan médico, sino los enfermos.* *¹³Vayan y aprendan el significado de estas palabras:* <u>*'LO QUE QUIERO ES QUE SEAN COMPASIVOS Y QUE NO OFREZCAN SACRIFICIOS,'* *pues yo no he venido a llamar a los justos, sino a los pecadores"*</u> (Mateo 9:12-13).

ES EL PECADO, NO LA AUTOJUSTIFICACIÓN, LO QUE ATRAE LA GRACIA DE DIOS.

En consecuencia, nuestra respuesta a los pasos en falso de un creyente no debe ser una de juicio, sino de restauración llena de gracia. Dios no nos ha llamado a ser agentes del orden público, sino embajadores de la gracia, que reconcilian a la humanidad con Él (2 Corintios 5:18-20). Cuando un creyente es poseído por el pecado, lo que necesita más que nada no es la condenación, seguida por el bautismo otra vez. Lo que necesita es compasión y poder espiritual. El hermano o hermana debe ser instruido y apoyado en aprender a caminar constantemente según el Espíritu y la Palabra, para que su vida sea una de victoria continua sobre la corrupción carnal (Gálatas 5:16).

Sin embargo, una vez que la persona se ha conectado y saboreado la verdadera vida de Dios y los poderes de la vida eterna dentro de sí misma, perderse es absolutamente imposible a menos que y hasta que deliberadamente opte por negar o rechazar, o ambos, esa vida por una vida de rebelión abierta contra su Creador. Pero, mientras continúe buscando de manera activa a Dios, su espíritu nunca se separará del Espíritu ni de la vida de Su Salvador.

Porque si <u>seguimos pecando intencionalmente</u> después de haber conocido la verdad, <u>ya no queda más sacrificio por los pecados</u>; ²⁷solamente nos queda la terrible amenaza del juicio y DEL FUEGO ARDIENTE QUE DESTRUIRÁ A LOS ENEMIGOS DE DIOS. ²⁸Cuando alguien desobedece la ley de Moisés, si hay dos o tres testigos que declaren contra él, se le condena a muerte sin compasión. ²⁹Pues ¿no creen ustedes que mucho mayor castigo merecen <u>los que pisotean al Hijo de Dios y desprecian su sangre, los que insultan al Espíritu del Dios que los ama? Esa sangre es la que confirma la alianza, y con ella han sido ellos consagrados</u>.

Hebreos 10:26-29

Es muy importante saber que la única cosa que puede anular la vida espiritual del creyente nacido de nuevo es su elección INTENCIONAL y DELIBERADA de vivir una vida de pecado y rebelión contra Dios. Tal decisión invalida el sacrificio de Cristo y el ministerio del Espíritu Santo en su beneficio. La Biblia indica muy claramente que las personas que toman tal decisión, en realidad, *pisotean al Hijo de Dios y desprecian su sangre, los que insultan al Espíritu del Dios que los ama? Esa sangre es la que confirma la alianza, y con ella han sido ellos consagrados.* (Hebreos 10:29).

> *La única cosa que puede anular la vida espiritual del creyente nacido de nuevo es su elección INTENCIONAL y DELIBERADA de vivir una vida de pecado y rebelión contra Dios.*

No obstante, debemos observar muy rápidamente que según el pasaje anterior, Cristo no morirá otra vez para liberar la vida incorruptible, resucitada de un individuo, si este reconoce e voluntariamente niega la vida que ya ha recibido. En otras palabras, no habrá nacido de nuevo repetido, porque el Espíritu Santo no regenerará nueva vida en ese individuo. Por desgracia, será un alma eternamente perdida. Yo oro sinceramente para que esa nunca vaya a ser la experiencia de algunos de los lectores de este volumen.

Es personal

Perla de verdad #3: *Nacer de nuevo significa vivir completa* *y totalmente según la realidad de la vida de Cristo dentro de mi espíritu; no según la vida de Adán dentro de mi alma.*

El nuevo nacimiento es una experiencia de fe absoluta mediante la cual yo recibo como propio, todo lo que Cristo hizo, todo lo que Él ofrece y todo lo que ÉL representa en mi nombre. Cristo y yo compartimos el mismo espíritu (1 Corintios 6:17) y Su vida es mía por siempre (Colosenses 3:3, 4). *Nacer de nuevo* significa vivir según lo que Dios dice sobre mí en Su Palabra y no según lo que yo u otros piensan o sienten sobre mí. Yo vivo según mi identidad en Cristo, no según mi identidad en Adán.

Cristo y yo compartimos el mismo espíritu, y Su vida es mía por siempre.

El yo real es un ser espiritual de los cielos, el verdadero país de mi ciudadanía (Filipenses 3:20). Debo confesar y vivir esa realidad cada momento de cada día hasta que se convierta en mi primera naturaleza y reemplace en su totalidad la vieja naturaleza que una vez compartí con Adán. Es *la ley del Espíritu que da vida en Cristo Jesús, me libertó [completamente] de la ley del pecado y de la muerte*, que era el legado de Adán para mí (Romanos 8:2, corchetes añadidos).

El ejemplo de Cristo

Aunque Cristo estuvo en la tierra en un cuerpo humano por solo treinta y tres años, más o menos, les dijo en repetidas ocasiones a sus seguidores y a sus acusadores que Él era del cielo. Él veía a José y a María solo como Sus padres sustitutos (Lucas 2:40-50; Marcos 3:32-35), pero se refería constantemente a Dios Todopoderoso como su verdadero padre (Juan 8:18-19, 28-29, 42; 16:26-28). *"El Padre y yo somos uno solo"* (Juan 10:30) transcendió todas las asociaciones terrenales de nuestro Señor. En otras palabras, Jesús se identificó a Sí mismo, plenamente, y siempre le dio prioridad a su vida eterna celestia, no a Su muy breve existencia terrenal.

Aunque por medio de su cuerpo Cristo estableció la conexión con la raza humana pecadora, a través de su vida Espíritu de lo alto, Él completamente se identificó y mantuvo la unión con la vida justa de Dios. Ese es el ejemplo que dejó para nosotros, sus hermanos (Hebreos 2:11). Si habremos de vivir victoriosamente como creyentes nacidos de nuevo que lleven la imagen de Cristo en nuestros espíritus, debemos seguir las pisadas de nuestro Salvador. Debemos identificarnos completamente con la vida celestial de Cristo, no por la sombra fugaz (Job 14:1, 2) que recibimos del Adán terrenal.

El punto de vista de Dios de la realidad de nuestra existencia es que hemos muerto, a través de la crucifixión de Cristo en la cruz (Gálatas 2:20; Romanos 6:3-9), y nuestras verdaderas vidas están escondidas con Cristo en Él (Colosenses 3:3). Por lo tanto, en la Palabra de Dios se nos amonesta a fijar nuestra atención en las cosas que pertenecen a nuestra vida de lo alto, y no en las cosas que caracterizan nuestra fugaz existencia en la tierra.

Jesús una vez les hizo esa declaración muy profunda a sus discípulos y, me atrevería a decir, a todos aquellos que creyeran en Él por medio del testimonio de los discípulos (Juan 17:20): *"En aquel día, ustedes se darán cuenta de que yo estoy en mi Padre, y ustedes están en mí, y yo en ustedes"* (Juan 14:20). Esa es la experiencia definitiva que le espera a cada creyente nacido de nuevo: verse a sí mismo en Dios y a Dios, en él.

Cuando ocurra ese día para usted, entonces, se le revelará que el Padre, Cristo y usted son uno, y que su identidad divina trasciende todas los demás puntos de vistas terrenales de usted mismo y todas las otras relaciones en su vida. ¡Ojalá *"ese día"* para usted fuera HOY!

Resumen de las perlas de verdad

1. *La mente del hombre espiritual interior piensa y opera independientemente de la mente del hombre alma natural.*

2. *Nacer de nuevo en el Espíritu es una experiencia que ocurre solo una vez, así como nacer de la carne puede suceder solo una vez.*

3. *Nacer de nuevo significa vivir plena y totalmente según la realidad de la vida de Cristo dentro de mi espíritu; no según la vida de Adán dentro de mi alma.*

Porque somos hechura suya, criados en Cristo Jesús para buenas obras, las cuales Dios preparó para que anduviésemos en ellas.

Gálatas 2:10, RVA

Capítulo 6

NACER DE NUEVO:
VIVIENDO LA VIDA DE CRISTO

He sido crucificado con Cristo, y ya no vivo yo sino que Cristo vive en mí. Lo que ahora vivo en el cuerpo, lo vivo por la fe en el Hijo de Dios, quien me amó y dio su vida por mí.

Gálatas 2:20, NBD

El objetivo de este capítulo es compartir cómo la realidad y el poder del espíritu de Cristo dentro del creyente forman y dirigen sus pensamientos y vida diaria. Para lograr eso, integraremos los tres elementos indispensables de la vida nacida a Jesús que deben caracterizar la experiencia diaria del creyente: a saber, el reconocimiento de la identidad, la aceptación de la identidad y la práctica de la identidad. Los primeros dos elementos se cubrieron en los capítulos anteriores de este volumen pero es necesario repasarlos mientras los incorporamos con el elemento definitivo de la práctica viviente.

El reconocimiento de la identidad

Perla de verdad #1: *Si no reconozco, entiendo ni vivo la* *verdadera identidad en Cristo, nunca podré ganar dominio sobre satanás y el pecado.*

> *He sido crucificado con Cristo,…<u>y ya no vivo yo… sino que Cristo</u> vive en mí.*
>
> Gálatas 2:20, RVA

El primario y más importante elemento de vivir la vida nacida de nuevo de Cristo es el conocimiento del creyente de su identidad en Cristo y su habilidad para separarlo de eso que una vez poseía por medio de Adán. Ese es un problema importante debido a que ejerce la influencia más poderosa sobre el resultado de la experiencia del nuevo nacimiento. El creyente no puede vivir, con cierto grado de éxito, una identidad que él posee, pero que es totalmente incapaz de reconocer. Sin ese reconocimiento, nunca puede ganar dominio sobre satanás ni el pecado.

Más que cualquier otra figura bíblica, Dios inspiró al apóstol Pablo para compartir ampliamente sobre ese asunto tan crítico. A través del pasaje anterior, el apóstol hizo una declaración clara muy concisa, con respecto a la identidad del creyente en Cristo y su relación con lo que una vez compartió con Adán. Él dijo: *"He <u>sido</u> crucificado con Cristo, sino que Cristo vive en mí <u>y ya no vivo yo sino que Cristo vive en mí</u>"* (Gálatas 2:20).

A través de la fe en el sacrificio de Cristo en el

Calvario, el creyente nacido de nuevo debe considerar muerta la vida que una vez lo identificó con su naturaleza según Adán. Pero ¿cómo se hace esto? Pablo dijo que debemos *considerarnos muertos respecto al pecado, pero vivos para Dios en unión con Cristo Jesús* (Romanos 6:11). *Considerar* significa colocar en la mente. Eso requiere un acto de voluntad humana y confesión verbal (Romanos 10: 8-11). Un individuo debe primero creer en Dios, que ha muerto, de hecho, al pecado en Jesucristo antes de que ese acto de fe reciba la infusión del poder de Dios para mantener muerto lo que el Todopoderoso ha declarado muerto. Aquí hay otra perla de sabiduría de Pablo:

> *[13]No <u>ofrezcan</u> los miembros de su cuerpo al pecado como instrumentos de injusticia; al contrario, <u>ofrézcanse</u> más bien a Dios como quienes han vuelto de la muerte a la vida, presentando los miembros de su cuerpo como instrumentos de justicia... [19]Hablo en términos humanos, por las limitaciones de su naturaleza humana. Antes <u>ofrecían</u> ustedes los miembros de su cuerpo para servir a la impureza, que lleva más y más a la maldad; <u>ofrézcanlos</u> ahora para servir a la justicia que lleva a la santidad.*
>
> Romanos 6:13,19, NBD

La palabra *ofrecer*, en el versículo anterior, sugiere que el creyente cuenta con la capacidad de elegir por medio del poder de la gracia de Dios (versículo 12) en su espíritu y en los actos de su voluntad. Incorruptible, la vida nacida de nuevo dentro del creyente le da la capacidad, ya sea para ofrecer (rendir) los miembros de su cuerpo como sirvientes de la justicia, o para ofrecer (rendir) esos miembros como instrumentos de pecado.

En Colosenses 3:5, Pablo fue directo en su enseñanza cuando escribió: *"Hagan, pues, morir todo lo que hay de terrenal en ustedes: que nadie cometa inmoralidades sexuales, ni haga cosas impuras, ni siga sus pasiones y malos deseos, ni se deje llevar por la avaricia (que es una forma de idolatría)"* (Colosenses 3:5). ¿Cómo se logra eso? ¡Simplemente! ¡Deje de alimentar el deseo de pecar!

> Cada acto de pecado es resultado de la alimentación de los deseos de pecar.

Cada acto de pecado es resultado de la alimentación del deseo de pecar. Santiago escribió: *"Al contrario, uno es tentado por sus propios malos deseos, que lo atraen y lo seducen. ¹⁵De estos malos deseos nace el pecado; y del pecado, cuando llega a su completo desarrollo, nace la muerte"* (Santiago 1:14-15).

Ley de la vida

Hay una sencilla ley de la vida que dice *que cualquier cosa que no alimentemos, morirá*. Eso ciertamente sucede con el deseo de pecar. La amonestación de Pablo es que los creyentes hagan morir todo lo que pertenezca a nuestra naturaleza pecaminosa (Colosenses 3:5). En otras palabras, debemos estar de acuerdo y confirmar lo que Dios hizo a través del calvario dejando morir de hambre a los diversos deseos de nuestra vieja naturaleza. ¡Deje de alimentar los deseos del pecar! ***Nos alimentamos por medio de lo que permitimos que nuestras mentes reciban y en lo centramos nuestra atención.*** Nuestra dieta moral o amoral refuerza dos modos de pensar en competición: el espíritu y la carne, que influyen en todas las acciones de nuestras vidas. La Biblia dice:

> *Los que viven según las inclinaciones de la naturaleza débil, solo se preocupan por seguirlas; pero los que viven conforme al Espíritu, se preocupan por las cosas del Espíritu... ⁷Los que se preocupan por seguir las inclinaciones de la naturaleza débil son enemigos de Dios, porque ni quieren ni pueden someterse a su ley. ⁸Por eso, los que viven según las inclinaciones de la naturaleza débil no pueden agradar a Dios.*

> Romanos 8:5-8

Por medio de los portales de nuestros cinco sentidos, especialmente a través de la vista y el oído, nosotros estimulamos, fortalecemos e impregnamos deseos carnales que batallan contra el hombre interior de nuestros espíritus. El lugar donde alimentemos, y aquello con que nos alimentemos fortalecerá la vida de Dios en nuestro espíritu o resucitará lo que Dios hizo morir por medio de Cristo en la cruz del calvario. A través del poder de elección, el creyente tiene el mismo acceso a ambos. La manera en que se identifique a sí mismo tendrá influencia en la fuente de alimentación que escoja y también en su patrón de alimentación; y ambos determinarán si sus actos son de pecado o de justicia.

Sin embargo, la verdad permanece para los que creen que cuando Cristo murió, nosotros morimos. Él no solo murió por nosotros; sino lo que es aún más importante, Él murió *como* nosotros. Fuimos crucificados cuando fue crucificado. El apóstol Pablo también explica esa verdad de la siguiente manera:

> [D]*esde que comprendimos que uno murió por todos y que, por consiguiente, todos han muerto.* ¹⁵*Y Cristo murió por todos, para que los que viven ya no vivan para sí mismos, sino para él, que murió y resucitó por ellos.*

2 Corintios 5:14-15

No hay duda en el cielo de que toda la humanidad murió en la muerte de Cristo, ya sea que elijan creerlo o

No hay duda en el cielo de que toda la humanidad murió en la muerte de Cristo, ya sea que elijan creerlo o no.

no. Esa es la provisión redentora de la gracia de Dios para todos. Los que, por fe en el don de Dios, adoptan la realidad de esa verdad tienen el privilegio de experimentar el poder de la vida resucitada de Jesús. La Biblia dice muy claramente que esos queridos hijos de Dios ya no viven para sí, es decir, según los dictados de la razón asociados con sus vidas naturales, sino por Aquel (Jesús) que murió y resucitó por ellos.

Aceptación de la identidad

Perla de verdad #2: *La persona nacida de nuevo debe aceptar su unión con Cristo y su origen celestial como realidades por medio de las cuales mira e interactúa con el mundo.*

Cristo es mi (nuestra) vida…

Colosenses 3:4

El Cristo resucitado es la nueva identidad del creyente. La Biblia dice que si hemos sido enterrados juntos (por el bautismo por inmersión) en la semejanza de su muerte, seremos resucitados (en novedad de la vida "nacida de nuevo") en la semejanza de su resurrección (Romanos 6: 5; Colosenses 2:12). Cuando Cristo murió en la cruz, Él fue "sepultado" en la tierra en el cuerpo de Adán. Cuando resucitó de entre los muertos, se presentó como el Espíritu que da vida eterna, revestido en una casa celestial, no hecha por manos humanas, reservada en los cielos para los justos hasta Su regreso por ellos (1 Corintios 15:42-49; 2 Corintios 5:1-5).

En consecuencia, aunque los creyentes "nacidos de nuevo" esperan sus cuerpos celestiales incorruptibles en el regreso de Jesús, las vidas incorruptibles de su hombre espiritual interior vive y gime en una casa de corrupción, el cuerpo de Adán (1 Corintios 15:50-54). Pablo nos recuerda que *nosotros somos ciudadanos del cielo, de donde anhelamos recibir al Salvador, el Señor Jesucristo. [21]Él transformará nuestro cuerpo miserable para que sea como su cuerpo glorioso, mediante el poder con que somete a sí mismo todas las cosas.* (Filipenses 3:20-21, NBD) En Romanos dice:

> *Y no solo ella [la creación], sino también nosotros mismos, que tenemos las primicias del Espíritu, <u>gemimos interiormente</u>, mientras aguardamos nuestra adopción como hijos, es decir, <u>la redención de nuestro cuerpo</u>.*
>
> Romanos 8: 23, NBD, énfasis añadido

La semilla incorruptible de nuestro hombre espiritual interior no se siente en casa en un cuerpo de pecado y muerte y, por lo tanto, anhela la redención y la liberación.

Sin embargo, mientras esperamos, no debemos permitir que se nos distraiga con nuestro viejo hombre, Adán, y perder de vista lo que realmente somos en Cristo. Pablo advierte que debemos dejar de reconocer o identificarnos por nuestras características carnales, y abrazar nuestra unidad espiritual con Cristo (2 Corintios 5:16; 1 Corintios 6:17). Debemos tener en mente que todas las leyes de la naturaleza humana que una vez nos unían en matrimonio con Adán han sido anuladas por la muerte, para que pudiéramos ser libres para casarnos con otro, es decir, con Cristo (Romanos 7:1-4).

Por lo tanto, como creyentes, tenemos una identidad divina completamente nueva. Esa identidad está en Cristo, no en Adán. DEBEMOS ACEPTAR Y CREER ESO. Dios nos ha creado de nuevo en Cristo Jesús (Efesios 2:10). Colosense 3:4 dice muy claramente que Cristo es nuestra vida, y que debemos vivir por fe (o confianza) en esa vida, no en nosotros mismos (Gálatas 2:20). Esa es la vida que ya ha vencido a satanás, al pecado y al mundo (Juan 16:33), y que tiene toda bendición espiritual que necesitamos para una vida abundante y piadosa (Efesios 1: 3; 2 Pedro 1:3).

No de la Tierra

Por lo tanto, ya que ustedes han sido resucitados con Cristo, busquen las cosas del cielo, donde Cristo está sentado a la derecha de Dios. ²Piensen en las cosas del cielo, no en las de la tierra.

Colosenses 3:1-2

La Biblia dice claramente que si *fuimos sepultados con Cristo*, y ciertamente lo fuimos (Romanos 6:3-5; Efesios 2:4-6), *mantengámosnos buscando las cosas de arriba*. Debemos pensar *en las cosas del cielo, no en las de la tierra* (Colosenses 3:1-2). ¿Por qué se nos han dado esas instrucciones? Yo creo que, entre las posibles razones, sobresalen dos, a saber, para que (1) podamos reconocer nuestra nueva identidad y (2) podamos adoptar y preservar esa identidad buscando las cosas relacionadas con ella.

Cuando Cristo murió, todo lo relacionado con Su vida humana, la encarnación de TODOS nuestros pecados, murió con Él y, de la misma manera, todo lo relacionado con nuestra vida. Sin embargo, cuando Él se levantó de entre los muertos, se presentó con todo lo relacionado con su vida de arriba, y esa es la esencia de nuestra identidad en Él. Nuestra vida real no es de la tierra, sino del cielo; pero ¿cuántos cristianos realmente creen y viven de esa manera? Incluso, antes de que fuera a la cruz, el Salvador ilustra en repetidas ocasiones que los creyentes nacidos de nuevo no son de este mundo, sino del cielo.

> *Nuestra vida real no es terrenal sino celestial.*

> *Si ustedes fueran del mundo, la gente del mundo los amaría, como ama a los suyos. Pero yo los escogí a ustedes entre los que son del mundo, y por eso el mundo los odia,*

porque ya no son del mundo.

Juan 15:19

Yo les he comunicado tu palabra, pero el mundo los odia porque <u>ellos no son del mundo</u>, como tampoco <u>yo soy del mundo</u>.

Juan 17:14

<u>*Así como yo no soy del mundo, ellos tampoco son del mundo.*</u>

Juan 17:16

¿Por qué es que tantos cristianos profesos viven en contradicción con esa verdad? ¿Por qué muchos se desvían por el mundo para amar y honrarles? ¿Es porque no entienden realmente la verdad sobre su identidad, o porque no le creen a Jesús? ¿Podría ser que simplemente prefieren ignorar su identidad auténtica a cambio de alguna ventaja carnal percibida en este mundo? La Biblia dice que el mundo no conoce realmente a los verdaderos hijos de Dios (1 Juan 3:1), sin embargo, muchos de los que profesan ese nombre se desvían para ganar el reconocimiento del mundo. ¡Cuán extraño en verdad!

¿En dónde está usted, querido lector, en cuanto

a ese tema tan importante de la identidad? ¿Cómo se ve a sí mismo realmente? Creo que la mejor manera de averiguarlo es comprobando su "enfoque en las cosas". De acuerdo con la Palabra de Dios, su "enfoque en las cosas" es un fiel reflejo de la comprensión de su identidad real. Los hijos de arriba enfocan su atención en las cosas de arriba, y aquellos terrenales, en las cosas concernientes a este mundo. Pablo también validó esa verdad en Romanos 8:5, cuando escribió:

> *Los que viven conforme a la naturaleza pecaminosa fijan la mente en los deseos de tal naturaleza; en cambio, los que viven conforme al Espíritu fijan la mente en los deseos del Espíritu.*
>
> Romanos 8:5, NBD

¿Cómo se determina el "enfoque en las cosas"? Bien, he aquí algunas preguntas que podrían ayudar a clarificar ese asunto. (1) *¿Cuál es el verdadero motor de su vida?* ¿Es el amor de Cristo, o el amor de este mundo? (2) *¿Cuál es su verdadera razón de vivir?* ¿Es glorificar a Dios, o tener lo suficiente para vivir cómodamente en este mundo? (3) *¿Dónde se encuentra su mayor alegría, y dónde emplea sus mejores energías?* ¿Busca las cosas de

> *Su "enfoque en las cosas" es un reflejo fiel de su entendimiento de su identidad verdadera.*

este mundo o las que se refieren al reino de Dios? (4) *¿Cómo describiría realmente su vida?* ¿Diría usted que es una de paz y plácido descanso, o una llena de ansiedad y preocupación por su futuro?

❖ Si sus respuestas son: (1) el amor de Cristo; (2) glorificar a Dios; (3) las cosas concernientes al reino de Dios; y (4) paz y plácido descanso; entonces, usted está reflejando características de su identidad relacionadas con el Espíritu de Cristo y Su reino: es decir, el "enfoque en las cosas de arriba".

❖ Por otro lado, si sus respuestas corresponden con las otras cuatro alternativas, entonces, usted refleja una identidad relacionada con la mente de Adán y el espíritu de este mundo, que se caracteriza por la ansiedad por las cosas de esta vida (Mateo 6:25-32), en otras palabras, el "enfoque en las cosas de abajo".

❖ Además, si sus repuestas son una mezcla de las dos categorías anteriores de respuestas, entonces, hasta cierto grado, usted está reflejando síntomas de confusión de identidad. Usted es víctima del **"efecto oruga"**. En otras palabras, usted piensa como oruga aunque espera elevarse como mariposa.

La gente que padece el **"efecto oruga"**, trata, sin éxito, de servirle a Dios por medio de su identidad según Adán, pero la verdad es que aquellos que operan desde esa plataforma carnal claramente no pueden agradar a Dios (Romanos 8:5-8). ¡"LAS ORUGAS" SIMPLEMENTE NO PUEDEN VOLAR! Ni interna ni aerodinámicamente han sido diseñadas para volar. SOLO las mariposas (las orugas nacidas de nuevo, valga la comparación) han sido diseñadas de esa manera y pueden volar. Del mismo modo, el individuo de carne y hueso, nacido de una mujer, NO PUEDE vivir la vida de Cristo: simplemente no puede volar. ¡SOLO el hombre espiritual nacido de nuevo de Dios con la VIDA de arriba, PUEDE!

El individuo de carne y hueso, nacido de una mujer, NO PUEDE vivir la vida de Cristo: simplemente no puede volar.

Las víctimas del **"efecto oruga"** no logran concebir ni aceptarse a sí mismos como **"cristo"** (con "c" minúscula- es decir, la vida de Cristo interior), y, por lo tanto, se orientan con base en las experiencias diarias en su estado como Adán. A menudo, se piensa a Cristo como una persona en el lejano cielo, no como la semilla incorruptible de la vida espiritual en el alma.

Sin embargo, la Biblia dice que así como Él (Cristo) es, así somos nosotros en este mundo (1 Juan 4:17). Somos enviados por Dios mismo, para obrar en lugar del Salvador (2 Corintios 5:20). Hasta que no reconozcamos o aceptemos a **"cristo"** como nuestra verdadera identidad nacida de nuevo, nunca experimentaremos la alegría del **"efecto mariposa"**, es decir de elevarnos y probar del dulce "néctar" de la provisión y bendiciones sobreabundantes de Dios.

Práctica de la identidad

Y la vida que ahora vivo… Vivo por fe en el hijo de Dios…

Gálatas 2:20

La capacidad del creyente de vivir como Cristo no es una cuestión de controlar sus actitudes y comportamientos ya que es un asunto de creer y asumir su identidad interior, enfocándose diariamente en su Modelo para vivir esa identidad: Jesucristo. El asunto es uno de *fe y enfoque*, y no de modificación de comportamiento.

Fe

Perla de verdad #3: *En quién y en qué creemos dirigirá el curso de nuestra vida.*

¿Realmente creo que soy quién Dios dice que soy: un hijo y no un esclavo? (Juan 1:12; Romanos 8:15) ¿En verdad creo que Dios hizo lo que dijo que haría mediante Jesucristo por mí y *como* yo—por ejemplo, en mi lugar? (2 Corintios 5:14; Hebreos 2:9; Gálatas 2:20) ¿Realmente creo que tengo la vida justificada de Cristo en mi espíritu? (Colosenses 3: 3-4, 10) ¿En verdad creo que he nacido otra vez justificado o me considero un pecador en espera de ser justificado uno de estos días? (1 Pedro 1:23; Corintios 5:21; Efesios 4:24) ¿Creo que soy un ser espiritual nacido otra vez o soy solo un ser humano cambiado tratando de ser espiritual? (Juan 3:6; 1:12-13. Dios es Espíritu y el Padre de los Espíritus—Juan 4:24; Hebreos 12: 9) ¿Cuál es la condición verdadera de mi fe? (Hebreos 11: 6; 1 Juan 5:4) En esencia, las preguntas definitivas realmente son: "¿En realidad le creo a Dios, o me creo a **mí** más que a Dios?" "¿Realmente confío en Dios, o confío en **mí** más que en Dios?"

Las respuestas verdaderas a todas esas preguntas—basadas en la Palabra, no simplemente en la opinión propia—reside en la base misma del viaje hacia una vida auténtica como la de Cristo. El creyente debe comenzar ahí o va a estar en curso hacia la frustración y el fracaso en lo que se refiere a la imitación de Cristo. Esas son las preguntas que he tratado de responder en los primeros cinco capítulos de este pequeño libro. Sinceramente espero que no se le haya pasado. Si así fue, vuelva a leer los capítulos mientras revisa los versículos anteriores entre paréntesis.

El trabajo más importante

El "trabajo" más importante diseñado para vivir la vida del Cristo es el "trabajo" de creerles a Dios y al Mesías que vino de Él. Una vez Jesús tuvo esa conversación con una multitud judía curiosa que le hizo la siguiente pregunta: "*¿Qué <u>debemos hacer</u> pararealizar las obras que Dios* *quiere que hagamos?"* La respuesta que Cristo dio fue muy interesante y también muy pertinente a nuestra conversación en este libro.

> *La única <u>obra</u> que Dios quiere es que <u>crean</u> <u>en aquel</u> que él ha enviado.*
>
> Juan 6:29

Es muy importante tener en cuenta que los judíos preguntaron acerca de hacer las *<u>obras</u>* de Dios (plural); pero Jesús les respondió con un nombre singular: "Esta es la *<u>obra</u>* de Dios". Esto es extremadamente importante porque la obra de Dios no es una multiplicidad de actividades humanas, como las religiones de los hombres les exigen a aquellos que buscan la paz con Dios. La *<u>obra</u>* de Dios es singular: creer y entregarse a esa creencia.

Esa *obra* de Dios nivela el campo de la "salvación", dándoles a todos los que buscan a Dios igualdad de acceso a la salvación que Él ofrece libremente a través de Su Hijo, Jesucristo. Dios ha hecho *la obra* de salvación de manera tan sencilla y factible que cualquier persona, de cualquier clase social, la puede hacer, es decir, creer en Jesucristo, a quien Él ha enviado y entregarse a esa creencia.

Sin embargo, me apresuro a señalar que ese acto singular de creer puede dar lugar a una diversidad de obras que Dios ya había preestablecido y preenvasado en la semilla incorruptible de la vida espiritual de Cristo dentro del creyente. Todo lo que tiene que hacer es caminar *(no trabajar)* en ellas mientras el Espíritu Santo lo faculta y guía desde adentro. ¿Qué dicen las Escrituras?

> *[É]l nos ha creado en Cristo Jesús para que hagamos buenas obras, siguiendo el camino que él nos había preparado de antemano.*
>
> Efesios 2:10

Por favor, entienda que el mismo día que recibimos a Cristo como nuestro Salvador y Señor personal, Dios *nos creó* de nuevo *en Él*. Dios no tenía ningún interés en enderezar ni actualizar nuestra naturaleza pecaminosa según Adán. En cambio, Él comenzó de nuevo. ¡DIOS CREÓ VIDA NUEVA! ¡NACIMOS DE NUEVO de Él! (Juan 1: 12-13) ¡Ese no es un motivo ni idea teológica que deba debatirse en las salas de seminarios ni en los institutos bíblicos! ¡Es la verdad eterna de una vida real generada a través de la gracia, por el Espíritu de Dios! Dios comenzó una nueva carrera, en una dimensión espiritual eterna. Nuestro hombre espiritual interior es una vida que fue creada para ganar, porque nació de nuevo de la semilla incorruptible del Ganador Universal de Primera Clase—Jesucristo.

> *Creer en Dios, y aferrarse a esa creencia, es nuestro ÚNICO trabajo en el plan de redención.*

Encontrando verdadero descanso

Nuestra creencia y entrega a ese Jesús fuente de vida en nuestro espíritu es el único trabajo que Dios nos ha llamado a hacer en Su plan de redención. Debemos creer en quién Jesús es: el Mesías de Dios; lo que nos enseñó, lo que hizo (inclusive el Calvario); lo que prometió; y entregar nuestros pensamientos y vidas a esas creencias. Ese Jesús, en quien hemos sido llamados a creer nos invita a tomar su yugo y a aprender de Él. Leamos esa invitación en Mateo 11:28-30:

> *<u>Vengan a mí</u> todos ustedes que están cansados de sus trabajos y cargas, y yo los haré descansar.* ^{29}*Acepten <u>el yugo</u> que les pongo, y <u>aprendan de mí</u>, que soy paciente y de corazón humilde; <u>así encontrarán descanso</u>.* ^{30}*Porque <u>el yugo que les pongo y la carga que les doy a llevar son ligeros</u>.*

Mateo 11:28-30

Por medio de esa muy simple invitación, Jesús gentilmente les ofrece a todos los creyentes la llave a una vida de victoria, paz y reposo. Sin embargo, muchos de los que a menudo han leído y memorizado incluso esa joya inestimable de las promesas de Cristo, no han alcanzado su bendición, ya sea porque han perdido la llave para poseerla, o no han logrado usar la llave bien por completo. En consecuencia, esas preciosas almas no han logrado encontrar el reposo prometido por Cristo de las pesadas cargas de la vida.

Lleven el yugo de Cristo:

La clave inestimable para una vida victoriosa, reposada en Cristo Jesús es la aceptación del creyente del yugo del Salvador. Esa aceptación requiere, ante todo, una clara comprensión de lo que el yugo es; y en segundo lugar, un acto de fe permanente para adoptarlo y vivir con él. Ya que Jesús dijo: "Lleven mi yugo" en el texto, ¿qué es el yugo de Cristo? Jesús aplicó un término agrícola de uso común en Su tiempo para describir la relación que buscaba tener con sus seguidores.

Por definición, un yugo es un instrumento de madera utilizado para unir un par de bueyes o de otro tipo de animales de tiro para que puedan trabajar juntos para tirar de cargas pesadas. Sin embargo, el uso de Cristo de la metáfora yugo en realidad no se refiere a ninguna unión física. Por el contrario, el yugo de Cristo apunta a la unión mística de los espíritus: Su Espíritu con el espíritu de los que optan por unirse a Él. La Biblia dice muy claramente:

Pero cuando alguien se une al Señor, se hace espiritualmente uno con él.

1 Corintios 6:17

El yugo que une al creyente con Cristo es el propio espíritu de Cristo en el creyente. Ninguna mente finita puede explicar completamente las profundas implicaciones eternas de la unión en un espíritu que Cristo comparte con todos los que lo han recibido como Salvador y Señor. Sin embargo, la invitación del Salvador de llevar Su yugo es un llamado al pleno reconocimiento y a la aceptación de la unidad del espíritu que compartimos con Él y con todos los demás creyentes. Esa era la carga de la oración de Jesús antes de ir al Calvario.

El yugo de Cristo es la unión mística de Su Espíritu con los nuestros.

No te ruego solamente por estos, sino también por los que han de creer en mí al oír el mensaje de ellos. ²¹Te pido que todos ellos estén unidos; que como tú, Padre, estás en mí y yo en ti, también ellos estén; Y en nosotros para que el mundo crea que tú me enviaste. ²²Les he dado la misma gloria que tú me diste, para que sean una sola cosa, así como tú y yo somos una sola cosa: ²³yo en ellos y tú en mí, para que lleguen a ser perfectamente uno, y que así el mundo pueda darse cuenta de que tú me enviaste, y que los amas como me amas a mí.

Juan 17:20-23

El gran tema de esa oración es inconfundible. Es todo acerca de la unidad y sobre convencer al mundo acerca de la autenticidad del Mesías de Dios, Jesucristo. El lenguaje *"tú en mí"*, *"yo en ustedes"*, *"yo en ellos"* y *"ellos en nosotros"* es estrictamente habla espiritual, o lenguaje del yugo, si me permite. Este tipo de unión invasiva, intricada y entrelazada es totalmente imposible en la carne. Está reservada solo para el reino del espíritu. Por otra parte, el hecho de que Cristo repita esa habla-lenguaje espiritual del yugo tres veces en esa oración hace que sea muy importante, por cierto. Esa unión mística inseparable de los espíritus, de Espíritu a espíritus, es el vínculo de la perfección (Juan 17:23), y el argumento irrefutable que convencerá al mundo de que el Jesús de la Biblia es real, y de que todo lo que hizo y reivindica es cierto.

La razón principal por la cual nuestro mundo aún no está convencido de las afirmaciones del cristianismo se debe a que nosotros, los profesos seguidores de Jesús, hemos fallado en reconocer y aceptar Su yugo. En consecuencia, seguimos dividiendo su cuerpo por medio de nuestra visión del mundo carnal de lo que su reino se trata, y por medio de nuestras perspectivas humanas y definiciones de lo que en realidad significa ser un cristiano nacido de nuevo. El formalismo religioso, el sectarismo piadoso y el institucionalismo controlador han hecho al cristianismo profesado la religión más dividida del mundo, y al sábado o el domingo por la mañana, una confusa caricatura carnal—forma religiosa sin poder auténtico (2 Timoteo 3:5)—de lo que realmente representa el yugo de Cristo.

La meta de la oración de Cristo en Juan 17 es la manifestación del yugo místico que Él comparte con sus seguidores. En su última petición, le pidió al Padre que permitiera que el amor que Ellos (Él y el Padre) compartían se depositará en la misma medida en Sus discípulos, es decir: *"Yo en ellos"* (Juan17:26). ¡Qué manera de terminar una oración—*Yo en ellos!* Como diciendo: *"¡No olvides el yugo, Padre!"* El amor del Padre está en el yugo que Cristo comparte con Sus discípulos—el espíritu de unidad.

<u>Aprendan de Cristo</u>

Además de llevar Su yugo, Cristo animaba a todos Sus seguidores a aprender de Él. Eso significa que todos necesitamos prestarles mucha atención a Su vida y a Su relación con Su Padre mientras estuvo en la tierra. Desde muy temprano, el Salvador *reconoció, aceptó* y *practicó* la identidad que compartía con su Padre en los cielos. Sin lugar a dudas, sus padres sustitutos, José y María, repetían en su oído infantil los misterios que rodearon su nacimiento, según lo hablado por el ángel Gabriel y llevado a cabo a través del ministerio del Espíritu Santo. No se daban cuenta de que a la tierna edad de 12 años, su "hijo" ya tenía una idea muy clara de su verdadera identidad, y ya se había entregado por completo a su unión de un solo espíritu (o el yugo) con su Padre. Él amaba y protegía esa relación por encima de cualquier otra conocida por Él.

En consecuencia, José y María fueron tomados totalmente por sorpresa cuando, durante su primera visita oficial al templo en Jerusalén, Jesús haría frente a su amonestación paterna autojustificante con su propia suave reprensión: *"¿Por qué me buscaban? ¿No sabían que tengo que estar en la casa de mi Padre?"* (Lucas 2:49) En la autorizada versión Reina-Valera 1960 de la Biblia, la segunda de esas preguntas se presenta así: *"¿No sabíais que en los negocios de mi Padre me es necesario estar?"*

Durante la visita al tempo, José y María habían perdido la pista del Salvador porque estaban preocupados por sus propios intereses. No fue hasta un día de camino en su camino de vuelta a casa, que se dan cuenta de repente de que el muchacho Jesús no estaba con ellos. Les tomó tres días angustiosos para encontrar el don más precioso jamás dado al cuidado de mortales descarriados. ¿Dónde lo encontraron? Exactamente donde el yugo del padre lo había llevado, es decir, en la casa de Dios, ocupándose de los negocios de Su Padre.

Sin embargo, en lugar de reconocer su error de haber quitado sus ojos terrenales del Premio celestial, trataron de justificarse por medio de su autoridad como padres; pero la respuesta de Jesús les mostró que reconocía y había entregado Su lealtad a una autoridad infinitamente superior a la propia. Muchos años más tarde, su familia terrenal tuvo otra sorpresa desagradable cuando trataron de sacarlo de los negocios de Su Padre. Jesús fue muy directo al decirles al mensajero de la familia y a la multitud que se reunió alrededor de él que los únicos miembros verdaderos de su familia eran y son los que comparten el yugo del Padre con Él (Marcos 3:31-35). ¡Qué ejemplo para todos los que creerían en Él!

Fue el yugo del Padre, la unión en un solo espíritu con el Remitente Divino, lo que le dio la fuerza y el enfoque de la verdadera identidad del Salvador, y dirigió el curso de toda su existencia terrenal. A lo largo de su estancia en la tierra, Cristo nunca perdió el contacto, ni siquiera por un momento, con su verdadera identidad ni la unión con su Padre celestial. Todo lo que Él enseñó e hizo fue resultado de ese yugo celestial. Su unión con el Padre era el tema permanente y el enfoque direccional de Su vida. Juan, más que cualquier otro de los discípulos, expresó esto en su testimonio en relación con la vida del Salvador:

Su unión con el Padre era el tema permanente y el enfoque direccional de Su vida.

> *Les aseguro que el Hijo de Dios no puede hacer nada por su propia cuenta; solamente hace lo que ve hacer al Padre. Todo lo que hace el Padre, también lo hace el Hijo.*
>
> Juan 5:19

> *Yo no puedo hacer nada por mi propia cuenta. Juzgo según el Padre me ordena, y*

> *mi juicio es justo, pues <u>no trato de hacer mi voluntad</u> sino la voluntad del Padre, que me ha enviado.*

Juan 5:30

> *El Padre y yo somos uno solo.*

Juan 10:30

> *Porque yo no he hablado de mí mismo; mas <u>el Padre</u> que me envió, él <u>me dio mandamiento de lo que he de decir, y de lo que he de hablar</u>. ⁵⁰Y sé que su mandamiento es vida eterna: así que, <u>lo que yo hablo</u>, como <u>el Padre me lo ha dicho, así hablo</u>.*

Juan 12:49-50, RVA

El Padre hizo la Obra

Observe, en todas las referencias anteriores que Cristo atribuye todas sus palabras y obras, no a sí mismo, sino al Padre cuyo yugo cargó con mucho gusto. En Juan 14, la caracterización del Salvador de ese yugo (unión de un Espíritu con su Padre) parece encontrar su expresión más clara cuando Jesús preparaba a sus discípulos para su partida inminente del mundo. A pesar de que todo el capítulo es muy revelador, nos concentraremos en la respuesta del Maestro a la pregunta de Felipe: *"Señor, déjanos ver al Padre, y con eso nos basta"* (Juan 14:8). Jesús le dijo:

> *¿Tanto tiempo ha que estoy con vosotros, y no me has conocido, Felipe? El que me ha visto, ha visto al Padre; ¿cómo, pues, dices tú: Muéstranos el Padre?*
>
> Juan 14:9, RVA

El Padre se declaró a Sí mismo a través de la voz de Cristo: *"¿Tanto tiempo ha que estoy con vosotros, y no me has conocido, Felipe?"* Entonces Cristo confirmó la declaración del Padre diciendo: *"El que me ha visto, ha visto al Padre; ¿cómo, pues, dices tú: Muéstranos el Padre?"*[1] Ese fue un momento muy impresionante—al igual que la transfiguración de Jesús—que ni siquiera estoy seguro de que los discípulos reconocieran plenamente lo que había transpirado. El Padre y Cristo hablaron a través de una sola voz para revelar la sublime unión y actividades de la vida espiritual, lo cual, más adelante, intentó explicar en los dos versos siguientes.

> *¿No crees que <u>yo soy en el Padre</u>, y el Padre en mí? Las palabras que yo os hablo, no las hablo de mí mismo: mas el Padre que está en mí, él hace las obras. [11]Creedme que yo*

soy en el Padre, y el Padre en mí: de otra manera, creedme por las mismas obras.

Juan 14:10, 11, RVA

La unión de Espíritu a Espíritu de Cristo con el Padre refleja una dualidad interna que permite que la voluntad de Uno se exprese por medio de la perfección de la vida del Otro. Por consiguiente, Cristo les dijo a sus discípulos que las palabras pronunciadas por Él venían directamente de Su Padre, y que solo lo que Él hizo fue realmente cumplirlas a través del Padre, que vivía en Él. Note en el versículo 11, Él les dijo a Felipe y a los otros discípulos que a pesar de que no entendían plenamente la unión Padre-Hijo y de Espíritu a Espíritu, ellos le podían creer por las mismas obras, realmente, por el Padre mismo, que era quien estaba haciendo en realidad las obras. Cristo les expresó esa misma idea a los judíos que cuestionaban su autoridad y su relación directa con Dios, el Padre.

Si yo no hago las obras que hace mi Padre, no me crean. ³⁸Pero si las hago, aunque no me crean a mí, <u>crean en las obras que hago, para que sepan de una vez por todas que el Padre está en mí y que yo estoy en el Padre</u>.

Juan 10:37-38

El apóstol Pablo expresó esa autorizadora verdad sobre la unión espiritual ya que Dios trabajaba en (y a través de) Cristo reconciliando al mundo consigo mismo (2 Corintios 5:19). Esa fue la clave vital para la vida de éxito y la victoria del Salvador. El Padre celestial omnipotente era el poder infalible que dirigía todas las obras de Cristo. Por consiguiente, Cristo nunca se dio la gloria a Sí mismo por todo lo que hizo, porque sabía muy bien que era el Padre que moraba en Él, el que realmente realizaba las obras. Vivió para glorificar a su Padre, y el Padre se deleitaba en darle honor a su Hijo obrando milagrosamente por medio de Él.

Fue en el yugo de un solo Espíritu de su Padre que el Salvador encontró la paz y el reposo absoluto, porque permitió que el Padre, que residía en Él, hiciera la obra Incluso, frente a los abusos más crueles, Cristo pudo mantener su disposición sosegada porque Él se había resignado a mantener Su alma al cuidado constante, vigilante de Su Padre. Eso es exactamente lo que el Salvador desea llevar a la vida de todo discípulo que ha invitado a llevar su yugo. La Palabra de Dios habla muy claramente sobre ese mismo asunto:

> *El, Padre celestial omnipotente era el poder infalible que dirigía todas las obras de Cristo.*

Porque para esto sois llamados; pues que también Cristo padeció por nosotros, <u>dejándonos ejemplo, para que vosotros sigáis sus pisadas</u>: ²²El cual no hizo *pecado; ni fue hallado engaño en su boca: ²³Quien cuando le maldecían no retornaba maldición: cuando padecía, no amenazaba, Sino <u>remitía la causa al que juzga justamente</u>.*

1 Pedro 2:21-23, RVA

Cristo le creía al Padre, y esa fe lo llevó a su entrega total al yugo de su Padre, y abrió la puerta para que el Padre obrara libre y discretamente dentro y por medio de Él. La bendita seguridad de la presencia y la obra del Padre, a través del yugo, era la fuente de la seguridad y la paz interna y el dulce reposo del Salvador. Hemos sido llamados a aprender de Él (Mateo 11:28-30), siguiendo su ejemplo impecable. Esto nos lleva a la siguiente fase sobre aprender a vivir Su vida—es decir, a la cuestión de *enfoque*.

Enfoque

Perla de verdad # 4: *Nos convertimos en quién o en lo que nos enfocamos.*

En el ejemplo perfecto de Jesús es donde el creyente encuentra las claves para vivir de la manera que Él lo hizo. La invitación de Cristo a aprender de Él es también un llamado a enfocarse y a seguirlo a Él. Así como el Salvador se enfocó y se sometió al yugo de su padre, de igual manera,

Él urge a cada creyente a relacionarse con Él. Él sabe que la única forma de poder tener éxito viviendo Su vida es de la misma manera que Él logró vivir la de su Padre: sometiéndose al yugo del Espíritu a Espíritu (o como un solo Espíritu). A través de la fe, también, nosotros debemos rendirnos diariamente a la Palabra de Dios y a la unión de Espíritu a Espíritu que compartimos con nuestro Salvador y con nuestro Padre celestial.

La Biblia dice que, puesto que compartimos Su espíritu y Su vida como hermanos, en última instancia, seremos semejantes a Él: esto es, como Él es ahora, cuando se manifieste en gloria (1 Juan 3:2). Pero mientras esperamos, debemos ser guiados, no por lo que pensamos ni sentimos ni deseamos, sino únicamente por lo que piensa, siente y desea Cristo. Debemos permanecer centrados en Él, no en nosotros mismos según Adán. He aquí algunas palabras de sabiduría:

> *Porque _el Señor es el Espíritu; y donde está el Espíritu del Señor, allí hay libertad._ [18]Por eso, todos nosotros, ya sin el velo que nos cubría la cara, _somos como un espejo_ que refleja la gloria del Señor, y _vamos transformándonos en su imagen misma, porque cada vez tenemos más de su gloria, y esto por la acción del Señor, que es el Espíritu._*
>
> 2 Corintios 3:17-18

La transformación divina es obra del Espíritu de Cristo que influencia el espíritu del creyente (Romanos 8:16); no es obra de la carne tratando de llegar a ser espiritual. Ese último es un ejercicio agotador de futilidad y una afrenta a Dios. Sin embargo, cuando el creyente permanece centrado en el Cristo en él a través del Cristo que diariamente encuentra en la Palabra, el misterio de la voluntad y la obra de Dios comienza a desarrollarse en su vida. A medida que la belleza y la gloria de Cristo, en lugar del yo, se convierten en imagen *inalterable* en su espejo mental, él cambia extrañamente, de gloria en gloria, de acuerdo a la imagen de su Señor, por el Espíritu Santo.

¿Cuán fácil es, en realidad, vivir la vida nacida de nuevo? Es *fácil en Cristo* para el creyente así como fue *fácil en Dios* para el Salvador cuando caminaba entre los hombres. Tenemos que aprender de Él y hacerlo como lo hizo. El Dios en Él hizo la obra. De la misma manera, el Dios y el Cristo en nosotros van a hacer la obra si sometemos nuestra voluntad y formas "necias" al yugo de Cristo. El Salvador dependía totalmente de la vida del Padre dentro de Él; por lo que nosotros tenemos que depender de Su vida en nosotros. Esa vida debe ser nuestro enfoque y atención diarios. En última instancia, somos aquello en lo que nos enfocamos, pues nuestro enfoque determina nuestra realidad.

Ahora, a continuación, una confesión diaria y pasajes de apoyo para ayudar a mantener nuestro enfoque en la realidad de nuestra vida nacida de nuevo del cielo:

¿QUIÉN SOY YO REALMENTE?[3]

YO SOY UNA NUEVA CREACIÓN EN CRISTO; UN SER ESPIRITUAL NACIDO DE NUEVO; NACIDO DE SEMILLA INCORRUPTIBLE POR LA PALABRA, Y POR EL PODER DEL ESPÍRITU SANTO QUE OPERA EN MÍ. VIVO EN MI SALVADOR, Y MI SALVADOR VIVE EN MÍ. EL PADRE VIVE TAMBIÉN EN JESÚS; SOMOS UNA UNIDAD PERFECTA. YO SOY, CIERTAMENTE UN CIUDADANO DEL REINO, CUYA VIDA ES DE ARRIBA Y NO DE ABAJO. YO SOY INVENCIBLE, IMPARABLE, E INMOVIBLE, PORQUE CAMINO EN LA AUTORIDAD DE MI EXALTADO SALVADOR. NO ME FALTA NADA; TENGO TODO LO QUE NECESITO; PORQUE TODO ES PARA MÍ YA QUE MI SEÑOR Y YO SOMOS UNO. YO SOY *LA SUPREMA TRASFORMACIÓN DE MI PADRE— LA EDICIÓN ESPIRITUAL.*

PASAJES: 2 Corintios 5:17; 1 Pedro 1:23; Juan 1:12, 13; 3:6; 1 Corintios 6:17; Juan 14:20; 17:21-23; Filipenses 3:20; Efesios 1:15-23; Filipenses 4:19; 1 Corintios 3:21-23

Resumen de las perlas de verdad

1. *Si no reconozco ni entiendo ni vivo la verdadera identidad en Cristo, nunca podré ganar dominio sobre satanás ni el pecado.*

2. *La persona nacida de nuevo debe aceptar su unión con Cristo y su origen celestial como realidades por medio de las cuales mira e interactúa con el mundo.*

3. *Aquello y en quién creemos dirigirá el curso de nuestra vida.*

4. *Nos convertimos en quién o en lo que nos enfocamos.*

Notas:

1. Consulte Ruthven J. Roy, *Imitating God*, (Berrien Springs, MI: Rehoboth Publishing, 2010), pp 92-94, para leer la explicación completa de la respuesta de Jesús a Felipe.

2. Consulte también Hebreos 8: 8-12, para leer más detalles de la misma promesa del convenio. Preste mucha atención a la obra que Dios ha prometido hacer y a los sorprendentes transformadores

resultados. Todos los que crean conocerán al Señor intuitiva y empíricamente.

3. Ruthven J. Roy, *Imitating God*, p. 96.

Porque toda la plenitud de Dios se encuentra visiblemente en Cristo, [10]y en él Dios los hace experimentar todo su poder, pues Cristo es cabeza de todos los seres espirituales que tienen poder y autoridad...

Colosenses 2:9-10

Capítulo 7
NACER DE NUEVO:
LA PLENITUD

Mientras echamos un vistazo más de cerca a la conversación de Cristo con Felipe y los otros discípulos en Juan 14, observamos una declaración muy extraordinaria del Maestro en el versículo 12. Él dijo: *"De cierto, de cierto os digo: El que en mí cree, las obras que yo hago también él las hará; y mayores que éstas hará; porque yo voy al Padre."* No obstante, es mejor leer ese versículo junto con los dos que le anteceden para obtener la sustancia verdadera del mensaje de Cristo.

> *<u>¿No crees que yo soy en el Padre, y el Padre en mí</u>? Las palabras que yo os hablo, no las hablo de mí mismo: <u>mas el Padre que está en mí, él hace las obras</u>. [11]<u>Creedme que yo soy en el Padre, y el Padre en mí: de otra manera, creedme por las mismas obras</u>. [12]De cierto, de cierto os digo: El que en mí <u>cree</u>, <u>las obras que yo hago también él las hará; y mayores que éstas hará; porque yo voy al Padre.</u>*

> Juan 14:10-12, RVA

Perla de verdad #1: *Las obras mayores que las de Cristo son posibles para mí solo después de que yo crea y me entregue a la realidad de la unidad espiritual que comparto con Dios por medio de Jesucristo.*

La primera cosa que hay que observar es que el denominador común de estos tres versos, así como el de hacer las obras mayores que Cristo dijo, es la fe de los discípulos en Él. Fíjese <u>en la pregunta</u>: *"¿No crees...?"* El versículo 10, entonces, <u>el pedido</u>, *"Creedme"* (dos veces en el versículo 11); y finalmente, <u>la declaración</u>, *"El que en mí cree..."* (verso 12). La Biblia nos recuerda que *<u>no es posible agradar a Dios sin tener fe</u>, porque para acercarse a Dios, <u>uno tiene que creer</u> que existe y que recompensa a los que lo buscan.* (Hebreos 11:6). Jesús también dijo: *"'¿Cómo que si puedes?' ¡Todo es posible para el que cree!"* (Marcos 9:23).

Ahora, si podemos creer, Jesús dijo que seremos capaces de realizar obras al igual que Él e, incluso, mayores que Él, porque Él fue al Padre en nuestro nombre. ¿Por qué fue al Padre? Para que el Espíritu del Padre y del Hijo (un Espíritu de Verdad) pueda morar en nosotros *¡para hacer las obras!*

> *Y yo le pediré al Padre que les mande otro Defensor, ¹⁷<u>el Espíritu de la verdad</u>, para que esté siempre con ustedes. Los que son del mundo no lo pueden recibir,*

porque no lo ven ni lo conocen; pero ustedes lo conocen, porque él permanece con ustedes y estará <u>en ustedes</u>. ^{18}No los voy a dejar huérfanos; <u>volveré para estar con ustedes</u>.

Juan 14:16-18

El Espíritu Santo es el testigo infalible de la presencia de ambos, del Padre y del Hijo, en cada creyente. Él es la divina garantía de que Dios terminará la obra que comenzó en nosotros por medio de Jesucristo. A pesar de que estaba a punto de ir al Padre, Jesús les dijo a sus discípulos que Él vendría a ellos. ¿Cómo iba eso a ser posible? El Espíritu Santo que Jesús iba a enviar de parte del Padre, iba a ser la realidad viva de su presencia entre y en Sus discípulos. Él es el mismo que también confirma en nuestro espíritu que somos en verdad hijos de Dios (Romanos 8:16). En consecuencia, el Espíritu Santo es la expresión divina de ambos, del Padre y de nuestro Señor, Jesucristo. Jesús les trató de explicar esa misteriosa realidad a sus discípulos en una declaración concisa impresionante, dos versículos más adelante:

> *El Espíritu Santo es el testigo infalible de la presencia de ambos, del Padre y del Hijo, en cada creyente.*

En aquel día vosotros conoceréis que <u>yo estoy en mi Padre, y vosotros en mí, y yo en</u>

vosotros.

Juan 14:20, RVA

"Ese día" se refiere al día en que el testigo inexplicable del Espíritu Santo ilumina el espíritu y la mente del creyente con respecto a su verdadera identidad y posición en Jesucristo. Cuando "ese día" ocurra para el creyente, de repente se dará cuenta de que Cristo está en el Padre (un solo Espíritu, Juan 10:30); él (el creyente) está en Cristo (un solo espíritu-1 Corintios 6:17), quien a sí mismo (Cristo) está en el Padre. Por otra parte, ese Cristo que está en el Padre, también está en el creyente, y une al Padre con él (el creyente). Jesús hizo eso muy claro en Juan 14:23, cuando confirmó:

El que me ama, mi palabra guardará; y mi Padre le amará, y vendremos á él, y <u>haremos con él morada</u>.

Juan 14:23, RVA

Que Dios y Cristo vivan permanentemente en el espíritu del creyente por medio del testigo del Espíritu Santo es la meta y la esencia de la experiencia de nacer de nuevo. Esa es la *Plenitud Divina*. El autor anima a todos los lectores de este libro a tomar una semana completa, o tanto tiempo como sea posible, para meditar sobre las consecuencias incalculables de esa gloriosa verdad. Creer y vivir la presencia de la Plenitud Divina es la plataforma inamovible desde la que el creyente puede hacer las obras mayores sobre las que habló Cristo, porque Dios y Cristo, a través del Espíritu Santo, están obrando en él.

Por desgracia, los "creyentes incrédulos" no pueden reconocer, aceptar ni practicar su verdadera identidad en Cristo. Por lo tanto, pierden los beneficios de su unión- de espíritu a Espíritu con el Salvador, el Padre, y con los demás. Como resultado, en lugar de experimentar el poder del Espíritu de Cristo unificado entre todos los creyentes, el espíritu dominante de Adán caído sigue definiendo su existencia, las relaciones y la experiencia espiritual total.

Sin embargo, cada vez que "ese día" se produce en aquellos de nosotros que creemos verdaderamente, vamos a descubrir de repente, como lo hicieron los discípulos, en y después del Pentecostés, que nunca estamos solos. Sabremos la verdad de que Dios, el Padre, y el Señor, Jesucristo, no están muy lejos, en los cielos distantes, sino que son uno con nosotros a través del testimonio personal, intuitivo del Espíritu Santo. Sabremos que la presencia divina, aunque invisible, es muy activa en cada una de nuestras situaciones, trabajando constantemente para nuestro bien (Romanos 8:28). Cuando llegue la epifanía, entonces, creeremos y sabremos por experiencia que ese es *pues Dios, según su bondadosa*

Que Dios y Cristo vivan permanentemente dentro del espíritu del creyente es la meta y la esencia de la experiencia de nacer de nuevo.

determinación, es quien hace nacer en ustedes los buenos deseos y quien los ayuda a llevarlos a cabo (Filipenses 2: 13).

La causalidad Divina

Perla de verdad #2: *Yo no soy el que logra mis triunfos y victorias en mi caminar con Cristo; es Dios.*

Ese asunto de que Dios mora y opera dentro del espíritu del creyente nacido de nuevo es el cumplimiento de la promesa del pacto de Dios en sus hijos creyentes. Él dijo:

> *[P]ondré en ustedes un corazón nuevo y un espíritu nuevo. Quitaré de ustedes ese corazón duro como la piedra y les pondré un corazón dócil. [27]Pondré en ustedes mi espíritu, y haré que cumplan mis leyes y decretos.*
>
> Ezequiel 36:26-27

Lo más extraordinario de ese pacto es que Dios hace TODO el trabajo. Él nos dará un nuevo corazón—un nuevo compás moral dócil. Él nos dará un nuevo espíritu— que apunte a la regeneración espiritual o a la experiencia del nuevo nacimiento. Él pondrá Su Espíritu dentro de nuestro espíritu y establecerá la unión Espíritu-espíritu. Lo más importante y significativo es el hecho de que Dios **nos**

hará caminar en obediencia a TODOS Sus decretos y leyes. TODO lo que nos resta hacer es CREER que Dios hará lo que dijo que haría (y lo ha hecho), y ENTREGARNOS a esa fe. Debemos renunciar al "YO" en nosotros (nuestra propia voluntad o a la vida carnal), y sustituirlo por el "Cristo" en nosotros (Cristo nuestra voluntad o vida espiritual).

La causalidad divina es la manifestación exterior directa del poder de la vida de Dios, iniciando, sosteniendo y potenciando la vida del creyente. Representa la corriente continua de la virtud divina que fluye en la vida espiritual que nace del Dios Espíritu. Ese fenómeno de la gracia celestial no alberga ni un solo hilo de la humanidad caída. Como cuestión de hecho, es esa cualidad encarnada e incorruptible la que hace invencible la vida espiritual nacida de nuevo contra el pecado y la desobediencia, y que hace que opere SOLO en la justicia y la verdad.

> **La causalidad divina** *es la manifestación exterior directa del poder de la vida de Dios, iniciando, osteniendo y potenciando la vida del creyente.*

El Espíritu utilizó un evento bastante natural para ilustrarme esa verdad poderosa a mí. Una mañana temprano, después de que una extraña tormenta había pasado por nuestro vecindario durante la noche, vi a un pajarito saltando en nuestro jardín delantero, tratando de huir de mi presencia. Pronto me di cuenta de que la pequeña criatura y su nido habían volado desde su refugio en el árbol que estaba en medio de la zona del césped. También observé que la angustiada madre del pajarito no estaba muy lejos y mantenía un ojo vigilante sobre su desafortunada descendencia.

Llamé la atención de mi esposa hacia la difícil situación del pajarito, que, para entonces, se había refugiado debajo de una de nuestras plantas del jardín. A media mañana, mi esposa me llamó porque acababa de ver a la madre del pajarito depositar un gusano en la garganta abierta del pajarito. Inmediatamente, llegué a la escena de nuevo y ambos nos sentamos en torno en espera de que la madre regresara. Efectivamente, descendió de un árbol cercano, a la hierba, con un gusano colgando de su pico. Luego saltó hacia su vulnerable criaturita y le dio de comer de nuevo.

Mi esposa estaba tan sorprendida y se regocijaba ante la vista, e inconscientemente se volvió hacia mí y dijo: "¡Guao!, ¿cómo ella hace eso?" Justo cuando estaba a punto de decir, "por instinto"—la explicación que había aprendido en la clase de ciencias en la escuela media—la frase, *causalidad Divina*, simplemente brotó de mi espíritu. En ese preciso momento oí esas palabras que salían de mi boca, ya que Dios comenzó a abrir para mí la revelación de algo en el reino espiritual mucho más grande que la esfera natural de "los pájaros y las abejas".

He aquí la revelación del pájaro caído y su madre volando a su alrededor. En cada cosa creada mora el principio divino infalible de funcionalidad integrado que *hace que* toda criatura no solo se reproduzca según su género (Génesis 1:11-12, 21, 24-25), sino también que funcione de forma natural, ya sea en formas singulares o, a veces, similares. El pájaro madre no necesitaba ninguna regla externa de conducta ni ninguna forma de coacción para vigilar o alimentar a su criatura. Ese comportamiento ya estaba imbuido en ella por su Creador, incluso antes de que saliera del cascarón.

De la misma manera, cuando una persona nace de nuevo del Espíritu, no necesita un sistema externo de normas para regular su comportamiento. *La causalidad Divina* ya está obrando en la semilla incorruptible de su espíritu nacido de nuevo, dirigiendo a caminar de forma natural (en realidad espiritualmente) en la voluntad de Dios. Su obediencia, por lo tanto, no es obra de su carne, del "yo" en él tratando de agradar a Dios, sino la obra de su Espíritu, de Cristo en su hombre espiritual interior, dándole tanto el deseo como el poder para obedecer. Ese es el verdadero "cuerpo y alma" de la salvación y el motor que impulsa la infalible experiencia del nuevo nacimiento.

En consecuencia, es muy importante que todos los creyentes nacidos de nuevo tengan en cuenta que es el Cristo en nosotros (Gálatas 2:20), quien a diario nos da el poder de amar y obedecerlo. El mismo principio es válido para Cristo. Era Dios en Él (el Salvador), que estaba reconciliando al mundo consigo mismo (2 Corintios 5:19). Entender, aceptar y practicar esa verdad es la **clave** para vivir la vida nacida de nuevo con éxito. Jesús lo simplifica de esta manera:

> *Yo soy la vid, y ustedes son las ramas. El que permanece unido a mí, y yo unido a él, da mucho fruto; pues sin mí no pueden ustedes*

hacer nada.

Juan 15:5

El Maestro nos llama a permanecer en la Vid para que mantengamos el enfoque en Él y Su vida en nuestro espíritu. Esa es otra manera de Jesús decirnos: "Acepten el yugo que les pongo, y aprendan de mí, que soy paciente y de corazón humilde; así encontrarán descanso". (Mateo 11:29) La perfecta unión del Espíritu de Cristo con el nuestro (1 Corintios 6:17) es nuestra única esperanza de vivir de la manera en que nuestro Salvador vivió. Aparte de esa unión, no existe absolutamente nada para agradar a Dios en verdad.

La perfecta unión del Espíritu de Cristo con el nuestro es nuestra única esperanza de vivir de la manera en que nuestro Salvador vivió.

Nuestro hombre espiritual interior es un espíritu de sumisión y cooperación que siempre va en armonía con el cielo. Él fue creado de esa manera y no puede hacer menos, porque él es la simiente espiritual incorruptible (Efesios 2:10; 2 Pedro 1:3-4). Siempre está dirigido por Cristo. Nuestra carne, por el contrario, es un espíritu de oposición y desobediencia que opera bajo el poder engañoso del príncipe de las tinieblas (Efesios 2:1-3). En realidad, representa cualquier cosa y todo lo que hacemos según el pensamiento, la palabra o la acción que me dirige o que yo dirijo.

Interesantemente, el Espíritu Santo me dio esa

revelación un día que la palabra CARNE (en inglés *flesh*) puesta al revés reveló la palabra "yo", que en inglés es HSELF, el yo escondido. Eso es exactamente lo que la carne es: el yo engañoso que siempre espera expresarse de alguna forma. ¿No es de extrañar que Jesús diga que el primer paso para seguirlo es la abnegación? El yo oculto (o la CARNE) es lo que se interpone en el camino de todo lo que Dios quiere hacer por nosotros, en nosotros y a través de nosotros, siempre tratando de exaltar su sabiduría por encima de la voluntad revelada de Dios.

Por otra parte, mientras más poderoso se convierte el yo, más se resiste a rendirse a las demandas de Dios. Así que muchos de los hijos de Dios están siendo engañados al creer que pueden dar un mejor servicio a Dios a través de la superación personal. Aunque Dios les ha dado la semilla incorruptible de la vida perfecta de Jesús en su espíritu que no requiere absolutamente ninguna superación, pasan sus días en la tierra luchando para mejorar lo que Dios ya ha consignado para su destrucción. Si Dios hubiera querido hacer algunas reformas en Adán para hacerlo justo ante Él, no habría requerido que TODOS sus descendientes nacieran de nuevo del Espíritu con el fin de ser salvados.

¡Deje de trabajar en "trastos viejos"!

Perla de verdad #3: *No importa cuán arduamente trabaje en mi "yo" según Adán, nunca seré capaz de perfeccionarlo por medio de la obediencia.*

Dios nos ha dado a TODOS una solución satisfactoria para superar nuestra fallida humanidad, es decir, creó una nueva vida para TODOS en Cristo Jesús (Efesios 2:10). Nuestro problema es que nos hemos acostumbrado tanto a nuestra vida en la carne que no somos capaces de abrazar nuestra vida en el espíritu. Si queremos tener éxito viviendo nuestra vida en Cristo, debemos cambiar nuestro enfoque y nuestra práctica. Hay que dejar de trabajar en "trastos viejos". El apóstol Pablo dice:

> *Por eso, deben ustedes renunciar a su antigua manera de vivir y <u>despojarse de lo que antes eran</u>, ya que todo eso se ha corrompido, a causa de los deseos engañosos. [23]<u>Deben renovarse espiritualmente en su manera de juzgar</u>, [24]y <u>revestirse</u> de <u>la nueva naturaleza</u>, creada <u>a imagen de Dios</u> y que se distingue por una vida <u>recta</u> y <u>pura</u>, basada en <u>la verdad</u>.*

Efesios 4:22-24

Practicar la identidad tiene que ver con aprender a caminar en la vida espiritual y, a la misma vez, negarnos a apoyar todas las actividades carnales o centradas en el yo de la vida natural de uno. La Biblia dice muy claramente que si caminamos por la influencia del Espíritu no vamos a cumplir los deseos de nuestra carne (Gálatas 5:16). Sería totalmente engañoso para uno pensar que ese consejo era para el hombre natural según Adán. Es absolutamente imposible que la carne camine según el Espíritu. Aunque el hombre que supuestamente se hace a sí mismo o que se mejora por cuenta propia, el realmente carnal delante de Dios, pueda realizar obras religiosas, eso no lo hace a él ni a sus obras espiritual. No puede caminar según el Espíritu.

Solo una persona nacida del Espíritu puede caminar según el Espíritu. ¡Es necesario ser Espíritu para andar según el Espíritu! Eso es lo que el hombre espiritual interior nacido de nuevo es, pero él vive en una tienda de carne llamada el yo humano. Por lo tanto, el consejo es relevante para él. En otras palabras, Pablo está diciendo: "no permita que su tienda de campaña lo gobierne". En la escritura que encabeza esta sección, el apóstol dice que en referencia a nuestra vida anterior, hay que poner fuera al viejo hombre (Efesios 4:22).

Solo alguien nacido del Espíritu puede caminar según el Espíritu.

En pocas palabras, esa amonestación significa ***dejar de ser*** (asumiendo la existencia natural o la mentalidad de "solo soy humano"); ***dejar de pensar*** (apoyándose en uno mismo y en la razón humana); ***y dejar de vivir*** (comportándose o caminando por la vida) como descendientes caídos de Adán. Deje de centrarse en lo correcto o incorrecto de su hombre exterior. La evaluación carnal no sirve para nada, ya que Adán nunca puede ser recto delante de Dios, independientemente de sus acciones más nobles o aspiraciones morales. La Biblia dice que esa persona según Adán que contemplamos en el espejo está dañada (o controlada por) sus deseos engañosos (Efesios 4:22).

En lugar de estar obsesionado con nuestro yo según Adán, Pablo dice que debemos revestirnos, y seguir adelante con nuestro nuevo yo. En otras palabras, debemos **empezar a ser** (practicar nuestra existencia espiritual divina); **empezar a confiar** (dependiendo de Dios y de la fe, en lugar del yo y la razón); y **empezar a imitar** (vivir como) a nuestro Padre en el cielo, a través del ejemplo de Cristo, nuestro Hermano mayor: Efesios 5:1-2; Mateo 11:29; 16:24.

La vida nacida de nuevo exitosa es realmente una cuestión de enfoque. ¿Quién recibe mi atención diariamente? ¿Es el viejo hombre de "yo" o el nuevo hombre de Cristo; el hombre exterior de mi carne o el hombre interior de mi espíritu? El creyente debe elegir todos los días vivir guiándose por la realidad de su hombre espiritual interior, dándoles preferencia a sus necesidades y deseos sobre los de su vida natural. Como regla general, el espíritu debe ser formado y alimentado antes de seguir cualquier curso de acción que se refiera al apoyo del yo. Eso, en esencia, es lo que Jesús quiso decir cuando dijo: *"Si alguno quiere ser discípulo mío, olvídese de sí mismo, cargue con su cruz cada día y sígame"* (Lucas 9:23).

En última instancia, la vida espiritual nacida de nuevo es la disciplina diaria de conectar e involucrarse con la verdadera identidad en Cristo, mientras que a la vez, se mantiene la carne (el yo oculto o el "yo" en mí) crucificado a través de la negación y la inanición. El consejo de Pablo a los creyentes de Roma amplifica esa práctica en una frase de gran alcance: *"Más bien, revístanse ustedes del Señor Jesucristo, y <u>no se preocupen</u> por satisfacer los deseos de la naturaleza pecaminosa"* (Romanos 13: 14, NBD).

Hacer provisión o espacio para la carne es lo mismo que darle *oportunidad al diablo* (Efesios 4:27), ya que él es el padre de la carnalidad. Debemos mantenernos enfocados en el Cristo en nosotros a fin de negarle a ese acechante león rugiente (1 Pedro 5:8) la oportunidad que busca de gobernar y devorar nuestras vidas a través de sus incesantes tentaciones. De ese modo, hay que guardar nuestros sentidos de las innumerables distracciones que él nos lanza desde puntos críticos sin límites que ha establecido en el mundo.

SOLO una vida para vivir: Jesús

Pues <u>ustedes murieron</u>, y Dios les tiene reservado el vivir con Cristo. ⁴Cristo mismo **es la vida de ustedes.** *Cuando él aparezca, ustedes también aparecerán con él llenos de gloria.*

Colosenses 3:3-4

Desde el punto de vista de la realidad de Dios, la antigua vida de sus hijos nacidos de nuevo ha muerto, ha sido enterrada y es totalmente inconsecuente en todas las cuestiones relativas a su salvación eterna. La prioridad y el enfoque de Dios es la vida de Su Hijo en cada creyente, no las persistentes distracciones de satán que se manifiestan en su carne. El deseo de nuestro Padre es que nuestra fe se aferre a Su realidad a fin de que podamoscompartir Su enfoque. Dios quiere que creamos en Él por quién Él es: un Dios que no puede mentir. Él quiere que le creamos por lo que completó en Cristo y por todo lo que dijo en su Palabra. Sin esa fe, no podemos agradarle (Hebreos 11:6), y, por lo tanto, no podemos beneficiarnos plenamente de todo lo que ofrece.

> *La prioridad y el enfoque de Dios es la vida de Su Hijo en cada creyente, no las persistentes distracciones de satán que se manifiestan en su carne.*

¡Créale a Dios! Cristo es nuestra vida ahora, no la persona en el espejo. Él / ella solo puede reflejar la presencia y el poder de la vida de Cristo en nosotros. Cada vez que empecemos a creer y a vivir esa verdad, empezaremos a experimentar el poder de su realidad.

La plenitud

Perla de verdad # 4: *La meta intrínseca de la vida nacida de nuevo es experimentar la plenitud de Dios por medio del amor de Jesucristo.*

> *Por esta razón doblo mis rodillas ante del Padre, ^{15}de quien recibe su nombre toda familia, tanto en el cielo como en la tierra.*

> *[16]Para que os dé, conforme a las riquezas de su gloriosa, <u>el ser fortalecidos con poder en el hombre interior</u> por <u>su Espíritu</u>, [17]para que <u>habite Cristo en vuestros corazones por la fe</u>, a fin de que, <u>arraigados</u> y <u>cimentados en amor</u>. [18]Seáis plenamente capacaces de comprender con todos los santos cuál sea la anchura, la longitud, la profundidad y la altura, [19]Y de <u>conocer el amor de Cristo</u>, que excede a todo conocimiento, para que seáis llenos de <u>toda la plenitud de Dios</u>.*

Efesios 3:14-19

La obra del Espíritu Santo siempre se dirige al hombre interior del espíritu del creyente; nunca al hombre exterior de la inteligencia humana natural. La fuerza y el poder para vivir la vida nacida de nuevo con éxito siempre vienen desde dentro del espíritu del hijo de Dios, porque ahí es donde Cristo y el Padre moran, a través del testimonio del Espíritu (Juan 14:23; Romanos 8:16). Esa vida tiene sus raíces en el amor porque brota de Dios que es Amor (Juan 1:12-13; 1 Juan 4:8).

La cláusula *"que el amor sea la raíz y el fundamento,"* en el texto anterior está conectada al *"sus"* que le precede. Cuando se toman en conjunto, apuntan a un fuerte sentido de la existencia divina, la identidad y la pertenencia que nunca deben confundirse con cualquier cosa que sea terrenal o según

Adán. La vida del creyente tiene una raíz completamente nueva—AMOR—que se nutre constantemente por medio del Espíritu Santo (Romanos 5:5), ya que la vida que este apoya crece según la plenitud de Dios, Jesucristo. La Palabra de Dios dice que *toda la plenitud de Dios se encuentra visiblemente en Cristo, ^{10}y en él Dios los hace experimentar todo su poder, pues Cristo es cabeza de todos los seres espirituales que tienen poder y autoridad* (Colosenses 2:9-10). ¡Sí! La vida nacida de nuevo es un árbol del amor que crece hasta la medida y estatura completa de la vida de Jesucristo en cada manera possible (Efesios 4:13-15).

¿Cómo puedo saber que he nacido de nuevo?

¿Cómo una persona puede saber que ha nacido de nuevo de la simiente incorruptible de Dios? Solo hay una respuesta para esa pregunta y es cuando la vida y las actitudes de una persona se caracterizan por los duraderos frutos del amor. Jesús dijo: *"Si SE AMAN los unos a los otros, TODO EL MUNDO se dará cuenta de que son discípulos míos"*. (Juan 13:35) Las Escrituras también dicen: *"Los conoceréis por sus frutos"* (Mateo 7:16, 20); y *"el fruto del Espíritu es AMOR . . ."* (Gálatas 5:22); y *"si alguno no tiene el Espíritu de Cristo, no pertenece a Cristo"* (Romanos 8:9).

Es la raíz la que da el fruto; no el fruto el que da la raíz. Uno puede saber qué tipo de fruta un árbol producirá simplemente identificando su raíz. "Muéstreme sus raíces y le diré cuál es su fruto, mucho antes de que haya un árbol".

El creyente nacido de nuevo no tiene que concentrar su energía y esfuerzo en producir el fruto del amor en su vida. Él ya tiene la raíz dentro de su espíritu para la producción de ese fruto. Todo lo que tiene que hacer es nutrirla y regarla con los abundantes Palabra y el Espíritu de Amor.

Permita que el conocimiento del amor de Cristo que Él siente por usted llene diariamente sus pensamientos, consuma sus energías y guíe su experiencia en Él. Cuando ese amor se convierte en suyo propio, sustituye su amor por todo lo demás, y se manifiesta en servicio amoroso, compasivo a un mundo que está hambriento de él. Así es cuando usted conocerá, por experiencia, el amor de Cristo, y por ser llenados con la plenitud de la vida en Dios nacida de nuevo.

Mírese a sí mismo todos los días en el espejo y confiese en voz alta tres veces, siete veces para la plenitud divina: "YO SOY LA JUSTIFICACIÓN DE DIOS POR MEDIO DE JESUCRISTO. ¡POSEO LA PLENITUD DIVINA!" Ahora, ¡créalo! ¡Salga con la Fortaleza de Dios en el interior y vívalo!

Resumen de las perlas de verdad

1. *Obras mayores que las de Cristo son posibles para mí solo después de que yo llegue a creer y me entregue a la realidad de la unidad con el espíritu que comparto con Dios, por medio de Jesucristo.*

2. *Yo no soy el que logra mis triunfos y victorias en mi caminar con Cristo; es Dios.*

3. *No importa cuán arduamente trabaje en mi "yo" según Adán, nunca seré capaz de perfeccionarlo por medio de la obediencia.*

4. *La meta intrínseca de la vida nacida de nuevo es experimentar la plenitud de Dios por medio del amor de Jesucristo.*

Conclusión

Por medio de este volumen hemos descubierto que la vida nacida de nuevo no tiene absolutamente nada que ver con la vida anterior de Adán, en parte o en su totalidad, porque Dios creó una nueva existencia espiritual en Jesucristo, para todos los que creen y lo reciben como su Salvador personal. La mayoría de las personas no se conectan con esa nueva vida, ya que no es visible a simple vista y opera en una realidad completamente independiente y totalmente diferente de aquella con la que están tan familiarizados. Sin embargo, es real y sorprendentemente potente, muy parecida al viento invisible, cuya ruta no puede ser restringida ni dirigida, pero cuya presencia potente se puede sentir, ver y oír (Juan 3:8).

Además, hemos visto que la Biblia afirma muy claramente que quién nace del Espíritu—y Dios es Espíritu—es *espíritu*, no solo *espiritual* (Juan 3:6); y que existe una clara diferencia entre los dos términos. Según se ha señalado, el *espíritu* se refiere a lo que una persona o cosa es, mientras que *espiritual* indica cómo una persona o cosa actúa o se comporta. Es totalmente imposible que lo que es carnal se convierta en espíritu o en acto espiritual. En consecuencia, la vida nacida de nuevo no es la del hombre según Adán, tratando de convertirse en espiritual realizando actos religiosos. Por el contrario, es el hombre espiritual interior del creyente, que opera a través de su anfitrión adánico, las obras preordenadas de Dios depositadas en él en su creación. Recuerde la declaración inspirada:

> *[P]ues es Dios quien nos ha hecho; él nos ha <u>creado</u> en Cristo Jesús para que hagamos <u>buenas obras</u>, siguiendo el camino que <u>él nos había preparado de antemano</u>.*

Efesios 2:10

> *<u>Pondré</u> en ustedes un corazón nuevo y un espíritu nuevo. <u>Quitaré</u> de ustedes ese corazón duro como la piedra y les pondré un corazón dócil. ²⁷<u>Pondré</u> en ustedes mi espíritu <u>y haré que cumplan mis leyes</u> y mis decretos.*

Ezequiel 36:26-27

Como se indicó anteriormente, esos dos versículos nos permiten visualizar muy claramente la verdad de que Dios es QUIEN nos ha creado de nuevo *en Cristo* no en Adán, para las buenas obras que Él mismo preparó de antemano para que nosotros simplemente las manifestemos en nuestro diario caminar. En Ezequiel, Dios es quien también está haciendo que *"haya"* obediencia, y no el hombre tratando desesperadamente de lograrla. Sin duda alguna, entonces, la salvación es totalmente la obra de Dios y la entrega completa del hombre a su obra. Es nuestra fe en Dios lo que conduce a nuestra entrega a fin de que el Todopoderoso pueda obrar en nosotros tanto *en el querer como [en] el hacer, por su buena voluntad.* (Filipenses 2:13).

Sin embargo, para que el hijo de Dios obre (en realidad, se rinda) cooperativa, armónica y eficazmente con la presencia de Dios dentro de Él, es importante que tenga una clara comprensión y conexión con su hombre espiritual interior. En otras palabras, debe reconocer, aceptar y practicar la realidad de "Cristo" en él, dándole prioridad sobre el "yo" en él. Él tiene que ser renovado en cuanto a la forma en que su mente funciona de manera que pueda ser capaz de caminar según su espíritu en lugar de según su carne (el yo oculto). Para facilitar esa transición y transformación, el creyente nacido de nuevo debe disciplinar su mente y el alma para caminar solo según la Palabra de Dios.

Así como Cristo vivió según cada palabra del Padre, así es necesario que vivan todos los que eligen seguirlo. La Palabra revela los pensamientos del Todopoderoso, expresados en lenguaje humano. Es el Espíritu y la vida, al igual que el que les respiró su contenido a Sus santos escritores. Por lo tanto, debemos entrenarnos para conocer la Palabra, confiar en la Palabra, y para que la palabra sea relevante en cada pensamiento y decisión relacionados con nuestras vidas. Por otra parte, hay que volver a capacitar a nuestros sentidos para filtrar todo lo que reciben a través de los principios y exigencias de la Palabra de Dios infalible.

Al respecto, debemos hacernos estas muy difíciles preguntas que invitan a la reflexión, y estar listos para proveer respuestas muy honestas: ¿Creo lo que veo o solo lo que la Palabra dice sobre lo que veo? ¿Creo lo que oigo o solo lo que la Palabra dice sobre lo que oigo? ¿Creo lo que siento o solo lo que la Palabra dice sobre lo que siento? ¿Creo lo que yo, inclusive, otros piensan o solo lo que la Palabra dice sobre esos pensamientos? Las respuestas a esas preguntas son las que esencialmente diferencian al hombre espiritual interior de la vida natural del creyente.

De manera predeterminada, la vida nacida de nuevo fue prediseñada por Dios para que caminemos en obediencia a cada palabra de Dios. La resistencia a la Palabra no viene desde el hombre interior del espíritu del creyente, sino siempre desde el hombre exterior de su carne que es gobernado totalmente por la razón humana. Sin embargo, el Espíritu y la Palabra de Dios son las únicas realidades aptas para dirigir la semilla incorruptible del hombre espiritual interior; porque ellos son los que dieron origen aquella vida (1 Pedro 1:23).

CONCLUSIÓN

¿A qué se parece?
¿Cómo lo puedo saber?

Nacer de nuevo: ¿A qué se parece? La respuesta a esa pregunta es la misma que Cristo le dio a Felipe cuando le pidió al Salvador que le mostrara al Padre a él y a sus compañeros discípulos. En esencia, lo que Felipe le preguntó fue: "¿A qué se parece el Padre?" ¿Recuerda la respuesta de Jesús? He aquí: *"El que me ha visto a mí, ha visto al Padre"* Juan 14:9. Entonces, ¿a qué se parece el nuevo nacimiento? Se parece a Cristo, a la semilla incorruptible que lo originó. La vida nacida de nuevo es la viva expresión de Jesús, encarnada en lo que Él hizo y enseñó, la revelación de la imagen de Aquel que lo creó.

En última instancia, todos los hijos nacidos de nuevo serán una imitación de su Padre—Dios. Ese era Su propósito para Su Hijo y para todos Sus (de Jesús) hermanos nacidos de nuevo (Hebreos 2:10-15)—que sean un reflejo de Su (de Dios) amor. Su Palabra dice que debemos ser imitadores de Él y caminar en amor y luz como Sus hijos queridos (Efesios 5:1-2, 8; Santiago 1:17). Dios nos dio a Aquel que determinó de antemano que TODOS los que lo conocieran serían conforme a la imagen de Su Hijo, a fin de que Jesús fuera el primogénito entre muchos hermanos (Romanos 8:29).

Por lo tanto, es cierto decir que la vida nacida de nuevo es una vida de luz y amor. Es la imagen reflejada de la vida de Jesús en las vidas de Sus seguidores. Así es cómo el mundo puede decir que hemos nacido de nuevo—si reflejamos o no el amor de Dios en nuestros estilos de vida a diario. *"Si se aman los unos a los otros, todo el mundo se dará cuenta de que son discípulos [seguidores nacidos de nuevo] míos"* (Juan 13:35, corchetes añadidos). Yo creo que los discípulos en Antioquía representaron eso perfectamente y, por consiguiente, se los llamó cristianos—en realidad, seguidores de Cristo o la sombra de Cristo (Hechos 11:26).

¿A qué se parece tu vida nacida de nuevo? Va a la par con el carácter del Padre y con la Palabra que lo originó? Si no, ¿por qué? Tal vez sea tiempo de que usted cambie su imagen en su espejo mental y que le permita a "Cristo" en usted reemplazar el "yo" en su enfoque. Recuerde que usted se convertirá en lo que o en quién usted se enfoque. Si su visión permanece atascada en el "yo" en usted, entonces, usted debe esperar más de lo mismo. Sin embargo, si usted le cree a Dios que Cristo es la realidad de su vida (Colosenses 3:4; Gálatas 2:20) y si usted permanece enfocado en Él en lugar de usted mismo, entonces, el misterio de la transformación divina revelado comenzará a manifestarse (2 Corintios 3:18).

La realidad de la presencia de Cristo ungida dentro de usted dominará sus pensamientos y conformará el curso de su vida. El elemento clave es que usted se mantenga pensando y actuando como Cristo (no como el yo), entregándose cada momento de cada día a todas las revelaciones del Espíritu

CONCLUSIÓN

y la Palabra. La promesa de Cristo para usted es que Su unción (por medio del Espíritu Santo) le enseñará todo lo que necesita saber sobre Él y la verdad que representa. Confíe en Él. Él terminará lo que comenzó en usted (Filipenses 1:6). Recuerde Sus palabras:

> *Mas el Consolador, el Espíritu Santo, al cual el Padre enviará en mi nombre, él os enseñará todas las cosas, y os recordará todas las cosas que os he dicho.*

Juan 14:26, RVA

> *Pero cuando viniere aquel Espíritu de verdad, <u>él os guiará á toda verdad</u>; porque no hablará de sí mismo, sino que hablará todo lo que oyere, y <u>os hará saber las cosas que han de venir.</u> ¹⁴El me glorificará: porque tomará de lo mío, y os lo hará saber. ¹⁵<u>Todo lo que tiene el Padre, mío es</u>: por eso dije que tomará de lo mío, y <u>os lo hará saber.</u>*

Juan 16:13-15, RVA

> *Pero la unción que vosotros habéis recibido de él, <u>mora en vosotros</u>, y no tenéis necesidad*

CONCLUSIÓN

que ninguno os enseñe; <u>mas como la unción misma os enseña</u> de <u>todas cosas</u>, y es verdadera, y no es mentira, así como os ha enseñado, <u>perseveraréis en él</u>.

1 Juan 2:27, RVA

ASI QUE DEJE QUE EL MISTERIO DE DIOS: Cristo en usted, la esperanza de gloria (Colosenses 1:27), SE REVELE. <u>PERMANEZCA EN ÉL</u> pues USTED HA NACIDO DE NUEVO INCORRUPTIBLMENTE.

Más títulos interesantes
por Dr. Ruthven J. Roy

Los archivos X de Sansón

Los archivos X de Sansón es la revisión intrigante del héroe de la fe peor entendido en la Biblia: Sansón. La tradición cristiana ha perpetuado un punto de vista negativo de ese guerrero de Dios, pero sus misteriosos archivos X (Jueces 14: 4) de la providencia de Dios dibuja un retrato sorprendentemente muy diferente. Vea su vida reflejada en la manera de Dios de lidiar con Sansón.

ISBN: 978-0-9717853-2-8 (carpeta blanda)

El Explosivo Poder de Discipular en Redes

A cada cristiano se lo llama para que sea un discípulo de Jesús; y a cada discípulo se lo llama a ser pescador, no solo miembro. En este volumen, el doctor Roy claramente explica el plan maestro de Cristo para hacer crecer Su reino. Cristo se refiere a todos como sus discípulos, no como miembros.

ISBN: 978-0-9717853-4-2

Imitando a Dios

Imitar a Dios no solo es posible, sino que también está garantizado. Este libro pondrá a su disposición la clave para su verdadera identidad y le demostrará, de manera sencilla, cómo desatar el poder de la vida de Dios dentro de usted. Prepárese para entrar en la **zona de Dios**.

ISBN: 978-0-9717853-3-5

Guía de Estudio: Imitando a Dios

No olvide la guía de estudio complementaria de este magnífico texto. Ampliará en gran medida la comprensión de todas las cuestiones vitales relacionadas con su identidad espiritual y con cómo vivir victoriosamente. Además, esta guía de estudio le proveerá una manera interesante y práctica de compartir las buenas nuevas con otros.

ISBN: 978-0-9717853-6-6

El Inquebrantable Reino

¡En la iglesia, sin embargo, fuera del reino de Dios! ¡Qué tragedia! Aprenda a evitar el "síndrome de Nicodemo", la enfermedad común de la cristiandad moderna. Entienda la verdadera aptitud del reino y por qué la religión simplemente no es suficiente. *El reino de los cielos hay que buscarlo AHORA; ¡no después! Más tarde es MUY tarde.* Este volumen va a cambiar su enfoque y su vida de una manera que solo un milagro de Dios puede. *¡Aproveche el momento, y tome la decisión de entrar en el inquebrantable Reino de Dios ahora!*

ISBN: 978-0-9717853-3-5

Prepárese Para Triunfar

Dios sabía y escribió nuestra historia de éxito mucho antes de nuestra llegada a este Planeta. El verdadero éxito depende de cómo nos posicionemos en relación con el propósito de Dios para nuestra existencia en este mundo. ¡Este libro lo ayudará a descubrirlo e ir tras él!

ISBN: 978-0-9717853-8-0

Disponible en línea o en su librería cristiana local

Para obtener más información, visite www.roybooks.com, o escriba a Rehoboth Publishing, P.O. Box 33, Berrien Springs, MI 49103

Información de contacto

Dr. Ruthven J. Roy

NETWORK DISCIPLING MINISTRIES
P.O. Box 33
Berrien Springs, MI 49103

Tel: (301) 514-2383
Email: ruthvenroy@gmail.com

RUTHVEN ROY es discípulo, consultor y fundador del Network Discipling Ministries. Su esposa Lyris y él viven en Michigan y son los padres de tres preciosas hijas: Charisa, Lyrisa y Mirisa

www.ingramcontent.com/pod-product-compliance
Lightning Source LLC
LaVergne TN
LVHW051556070426
835507LV00021B/2608